Maria Kampp
Oswald Stimpfl

Oh!

Bozen

Maria Kampp / Oswald Stimpfl

Bozen

Folio Verlag

”

Was tut es da schon zur Sache,
dass die Alpen näher sind als das
Mittelmeer? Das Licht wirkt
intensiver und der Espresso
schmeckt genau wie er soll.
In Bozen begegnen sich Norden
und Süden. Das schmecken, hören
und sehen Sie.

„Du, ich brauch noch ein Paar Schuhe für Mutters Geburtstag."

„Schuhe, Schuhe haben wir doch grad in Bozen gekauft, die braunen mit den Noppen."

„Das ist sechs Jahre her."

„Ja, genau."

Loriot, Pappa ante portas

oh!

INHALT

Norden, Süden und mittendrin die pure Lebensfreude

Bozen klingt nach Süden, Bolzano sogar sehr. Wer hier von Norden kommend aus dem Zug steigt, weiß, dass es zwecklos ist sich zu weigern. Das erste von vielen Aha-Erlebnissen steigt direkt in die Nase: Die Luft riecht anders. Nach Süden und mediterran inspirierter Leichtigkeit.

Was tut es da schon zur Sache, dass die Alpen näher sind als das Mittelmeer? Das Licht wirkt intensiver und der Espresso schmeckt genau wie er soll. In Bozen begegnen sich Norden und Süden. Das schmecken, hören und sehen Sie. Bozen ist ein Lebensgefühl. Es steht für Lebendigkeit, für Begegnung und Genuss. Für das Aufeinandertreffen zweier Sprachen, zweier Kulturen und zweier Küchen. Auf den Plätzen und in den Gassen hören Sie Deutsch, Italienisch und bisweilen auch Ladinisch – nicht selten in ein und derselben Unterhaltung. Italienische Geschäftigkeit trifft mitteleuropäische Beschaulichkeit, Alpenflair reicht dem Dolcefarniente die Hand wie sonst nirgends. Und selbstredend sind mittlerweile auch die Stimmen der wichtigsten eingewanderten Nationalitäten präsent: Albanisch, Rumänisch, Urdu …

Die alte Handelsstadt gibt sich unverkrampft, selbstbewusst und lässig – auf stimmungsvollen Plätzen und in den verwinkelten Gassen der Altstadt ebenso wie auf den *Piazze* und den *Corsi* der Neustadt. Entdecken Sie Bozens faszinierende Geschichte, die sich in Gestalt eindrucksvoller Architektur, Museen und Denkmäler entfaltet – quer durchs Mittelalter über den *Razionalismo* der Zwischenkriegszeit bis auf die Höhe des Zeitgenössischen. Beim Shoppen verhält es sich ähnlich facettenreich, denn hier trifft Loden auf italienisches Design. Ganz zu schweigen von den Herrlichkeiten, die Sie auf dem Teller vorfinden. Die Fusion der alpinen mit der italienischen Kochkunst sorgt dafür, dass es niemals langweilig wird. Sollen italienisch-deutsche Gesprächsfetzen Ihren Aperitif auf der *Piazza* begleiten oder bevorzugen Sie eine Stube im traditionellen Wirtshaus? Wofür Sie sich auch entscheiden, die Pizza wird knusprig sein, der Knödel fluffig. Tiramisu oder Apfelstrudel zum Dessert?

Bozen liegt in einem breiten Talkessel, der sich verheißungsvoll nach Süden öffnet. Hier münden die beiden aus Norden kommenden Flüsse Eisack und Talfer in die aus dem Vinschgau kommende Etsch. Die fließt weiter nach Verona bis in die Adria – der Süden ist eben doch ganz nah! Das warme submediterrane Klima lässt es im Sommer heiß werden, dafür beginnt der Frühling deutlich früher als anderswo. Und was wir in Bozen Herbst nennen, geht nördlich des Brenners noch locker als Spätsommer durch. Die Aussicht ist zu jeder Jahreszeit grandios. Im Osten erinnern Schlern und Rosengarten daran, dass die Dolomiten zum Greifen nah sind. Ausflüge in die nähere Umgebung könnten vielgestaltiger nicht sein und sind die kurzen Anreisen mehr als wert. Tun Sie es doch den Boznerinnen und Boznern gleich und entschweben Sie per Seilbahn in die Sommerfrische. Spazieren Sie der Talfer entlang durchs Grüne, schlendern Sie durch Weinberge und lustwandeln Sie entlang von Zedern und Zypressen auf Bozens Promenaden. Besichtigen Sie mittelalterliche Burgen und einen hochmodernen High-Tech-Park. Genießen Sie Bozen und wie sich scheinbare Gegensätze zu einem einmaligen Ganzen fügen.

CORTE

1

Der Platz der vielen Namen

WALTHERPLATZ UND PALAIS CAMPOFRANCO

Willkommen in Bozens Open-Air-Salon. Auf dem Waltherplatz reihen sich Cafés und Restaurants nahtlos aneinander. Draußensitzen ist ganzjährig möglich – wenn die Witterung gnädig ist.

Beim Aperol Spritz, der in Südtirol Veneziano heißt, oder beim Espresso dürfen Sie der Straßenmusik lauschen und dem Kommen und Gehen zusehen: die einen geschäftig eilend, die anderen flanierend. Der Blick auf den Dom und mustergültig sanierte Bürgerhäuser ist inklusive. Der Waltherplatz heißt eigentlich Walther-von-der-Vogelweide-Platz. Er begann sein Dasein unter der kurzen bayerischen Besatzung als Maximiliansplatz (*hello* Bayernkönig!). Nach der Rückkehr Tirols zu Österreich benannte man ihn um in Johannsplatz (*hello* Erzherzog!). 1889 war es endlich so weit, Walther von der Vogelweide erlebte seinen großen Moment. Der mittelalterliche Minnesänger dürfte allen ein Begriff sein, die sich während der Gymnasialzeit mit ich *saz ûf eime steine* quälten.

Es ist nicht erwiesen, dass Walther je einen Fuß auf Südtiroler Boden *sazte* geschweige denn hier geboren wurde. In den Zeiten deutschnational aufgeladener Stimmung des späten 19. Jahrhunderts stritten sich Germanisten im gesamten deutschen Sprachraum leidenschaftlich um Walthers Geburtsstätte. In Südtirol klärten diese die „Waltherfrage" für sich, indem sie dessen Herkunft in einem Akt von „aus freiem Willen erteilten Heimatrecht" an den Vogelweiderhof in Lajen verlegten und ein Denkmal aus Laaser Marmor für Bozens größten Platz in Auftrag gaben.

Das wollten italienische Trienter Patrioten nicht auf sich sitzen lassen. Sie konterten mit einem Denkmal Dantes, der abwehrend die Hand gen Norden und den knapp 60 Kilometer entfernten Deutschen ausstreckte. Nach der Machtübernahme durch die italienischen Faschisten wurde der Platz zu Ehren des letzten Königs Italiens in *Piazza Vittorio Emanuele III* umbenannt und das Dichterdenkmal „aus Verkehrsgründen" in einen abgelegenen Park verfrachtet. 1947 erhielt der Waltherplatz seinen Namen zurück, doch erst 1981 kehrte Walther *himself* zurück.

SKYBAR IM ERSTEN STOCK

Im stylischen Restaurant Meta mit Bar sitzen Sie auf Augenhöhe mit Walther von der Vogelweide und blicken im Liegestuhl sitzend auf das Gewusel hinab.

Wenn der Waltherplatz Bozens größter Salon ist, ist das Palais Campofranco sein vornehmes Hinterzimmer. In den Glasfassaden der modernen Anbauten spiegelt sich eindrucksvoll der gotische Kirchturm des Doms. Angesichts einer so gelungenen Symbiose aus Früher und Heute kann man gar nicht anders als in einer der zahlreichen Restaurants und Bars einzukehren, die sich um den Innenhof des Palais gruppieren, und das Ambiente zu genießen.

Im Palais wohnte einst ein österreichischer Vizekönig. Nachdem Napoleon niedergerungen war, installierte der Wiener Kaiser in Oberitalien ein neues Königreich namens Lombardo-Venetien. Zum König ernannte er sich selbstredend selbst, doch ein Vizekönig musste her. Aus der Reihe seiner 15 Geschwister wählte er Rainer und schickte ihn nach Mailand zum Residieren. Als 1848 in Europa Revolutionen ausbrachen, revoltierten auch die Oberitaliener. Während Feldmarschall Radetzky die Revolte unterdrückte, zog sich der Erzherzog schmollend ins Exil nach Bozen zurück. Der glücklose Vizekönig vertrieb sich von da an die Zeit als Privatier.

Mg Decoration by Maya Gruber im Palais Campofranco

Als Privatiers auf Zeit erfreuen wir uns am Bartischchen sitzend am riesigen Ginkgobaum in der Mitte des Innenhofs. Kaiserin Sissi ließ ihn pflanzen, als sie auf Onkelbesuch weilte. Sie wusste eben, was sich in Sachen Mitbringsel gehört. Anlässlich der dreigeschossigen Unterkellerung des Innenhofs wurde das Wurzelwerk des rund 160 Jahre alten Baums eingehaust und mithilfe eines Krans in einen gigantischen Blumentopf gesetzt. Der steht jetzt mitten im Supermarkt, zu dem man über eine geschwungene Treppe entlang des monumentalen Kübels absteigen kann.

INFOS

Zugänge zum Innenhof des Campofranco: Waltherplatz 13, Pfarrgasse 3
Palais Campofranco: Mustergasse 3, palais-campofranco.com
Meta Restaurant: Waltherplatz 13, Tel. 342 0401131,
www.meta-restaurant.com

2

800 Jahre alte Einkaufsmeile

LAUBENGASSE

Lust zu shoppen? Ideal zwischen Venedig und Augsburg und an Zentraleuropas wichtigster Nord-Süd-Route gelegen, entwickelte sich Bozen bereits im Mittelalter zu einer bedeutenden Handelsmetropole im Alpenraum. Die Laubengasse ist eine Shoppingmeile der besonderen Art geblieben.

Bozen war seit jeher der Brennpunkt des Transithandels. Bis nach Branzoll kurz vor Bozen war die Etsch einst schiffbar. Alle Waren, die vom Orient über Venedig und aus dem Süden des Stiefels den Weg nach Norden nahmen, wurden hier um- und eingelagert. Vom Umschlagplatz Bozen nahmen Gewürze, Seidenstoffe, Zitrusfrüchte und Lampenöl auf Karren und Saumpferden ihren Weg über die Alpen in die Handelszentren des Nordens. Über den Brenner wiederum wurden Leder, Felle, Leinen, feine Wollstoffe, gerne auch Waffen und Zinn, Richtung Süden transportiert. Längst lassen die Frächter auf der Autobahn Bozen links liegen, doch Bozens Status als einstige Handelsmetropole ist bis heute sichtbar.

Die Kaufleute verdienten kräftig am blühenden Handel zwischen Nord und Süd. Bozen hielt vier große Märkte pro Jahr ab, die wir heute als internationale Messen bezeichnen würden. Die

Organisation der Kaufleute, der Merkantilmagistrat, wachte über den Ablauf, setzte Schiedsrichter und Übersetzer ein, kassierte Gebühren und wurde reich damit – der schönste Palazzo in Bozen ist jener der Kaufmannschaft, hier regierte das Geld! Heute beherbergt er das sehenswerte Merkantilmuseum.

Die Schalthebel der politischen Macht aber lagen anderswo. Der Fürstbischof, auf den die Stadtgründung zurückgeht, schaltete und waltete im *home office* in der Trienter Bischofsburg. Auch die Grafen von Tirol zogen es vor, *remote* zu regieren. So oder so dürften die Landesherren mit Zöllen, Marktgebühren und Abgaben kein schlechtes Auskommen gehabt haben. Jahrhunderte später, mit der Teilung Tirols nach dem Ersten Weltkrieg, wurde Bozen Hauptstadt der italienischen Provinz Südtirol.

LAUBENHAUSFEELING
Schicke Schuhe oder freche Hüte shoppen und dabei zwischen drei ultraschlanken, früher getrennten Häusern switchen, geht nur bei Rizzolli Manufaktur 1870.

Inhalieren lässt sich Geruch von Geld am besten unter den Lauben. Nicht umsonst bezeichnen viele sie gerne als Seele der Stadt oder goldene Ader. Der Trienter Bischof ließ die 300 Meter lange Laubengasse bereits im 12. Jahrhundert anlegen. Die schmalen langen Häuser sind Fischgräten gleich an deren zentraler Achse angebracht. Eine clevere Immobilieninvestition, bedeutete das doch viel Platz für Händler und Kaufleute. Alle Gebäude besitzen ein offenes Gewölbe im Erdgeschoss. Dort wurde gehandelt und gefeilscht. Darunter lagerten die Waren, verteilt auf drei (!) Stockwerke tiefe Keller. Das erste Obergeschoss diente als Werkstatt oder Kontor, die Wohnräume lagen direkt darüber. Erker kennzeichneten die gute Stube, auch *Piano Nobile* oder Beletage genannt, zur Straße hin. Damit Licht in die langgezogenen Häuser dringen konnte, baute man überdachte Lichthöfe.

Obwohl acht Jahrhunderte später viele internationale Ketten in die Lauben eingezogen sind, strahlen die prächtigen Fassaden nach wie vor viel Atmosphäre aus. Auf Schritt und Tritt begegnen Sie verschachtelten Gängen und Gewölben, mit etwas Glück erhaschen Sie einen Blick in tiefe Keller und Lichthöfe. Was wie eine offene Haustür aussieht, entpuppt sich als schmaler Durchgang in

die Silbergasse. Warum nicht einmal vor der Kulisse hölzerner Täfelungen, Balken und Fresken shoppen? Zusammen mit heller Beleuchtung, Acryl, Glas und Stahl ergeben sich reizvolle Kontraste. Unter den Arkadengängen können Sie herrlich wetterunabhängig bummeln – Mode, Schmuck, Sportartikel und Wohnaccessoires, um nur einige zu nennen. Endstation ist der Obstmarkt, wo aber mittlerweile bunte Stände mit Blumen, Gewürzen, Trockenfrüchten, Brot, Spezialitäten sowie Freiluftkneipen viele ehemalige Gemüse- und Obststände verdrängt haben.

TAFELN MIT DOLOMITENBLICK

Möchten Sie über den Dächern der Altstadt speisen? Besuchen Sie das Restaurant 37 oder nehmen Sie den Fahrstuhl ins Dachrestaurant Arôme by Thaler

INFOS

Restaurant 37 – Alpine Eating: Lauben 37 / Silbergasse 4, Tel. 0471 979654, www.restaurant37.com
Restaurant Arôme by Thaler: Lauben 69, Tel. 0471313030, www.arome.bz
Rizzolli Manufaktur 1870: Lauben 60, www.rizzolli.com

3

Kunst und Kommerz in schönster Eintracht

PALAIS MENZ

Es gibt Kleinode, die zu entdecken schon deshalb Freude macht, weil sie sich scheinbar zufällig präsentieren. Sie schenken einem das Gefühl, als dringe man versehentlich in einen nicht abgeschlossenen Raum ein, in dem man eigentlich nichts zu suchen hat.

Diesen Reiz des Halbverbotenen empfinden wir, wenn wir uns ins Palais Menz hineinschmuggeln. Eigentlich handelt es sich um einen Fashion Store. Die knallgrünen Mohairpullis und der azurblaue Fake-fur-Mantel sind in diesem Fall aber unbedingt links liegen zu lassen. Im zweiten Stockwerk erwarten Sie visuelle Sinneseindrücke in einer ungekannten Dimension. Ein grandios ausgemalter Ball- und Theatersaal tut sich auf. Es bleibt einem nichts anderes übrig als innezuhalten und ausgiebig zu staunen.

Der Saal ist ein Traum in Rokoko. Unwillkürlich fragt man sich, was man dazu anziehen könnte. Da kommen die Kleiderständer ein Stockwerk tiefer gar nicht mal so ungelegen. Georg Paul von Menz war ein Sprössling der reichen Bozner Kaufmannsfamilie Menz. Anlässlich seiner Hochzeit mit Clara Amorth 1776 ließ er den Saal vom damals gefragtesten Maler der Stadt, dem aus Schlesien stammenden Carl Henrici, gestalten. Kein übles

Vermählungsgeschenk, finden wir, da hat *the wedding planner* ganze Arbeit geleistet! Die Menz hatten ihr Vermögen als Händler von Textilien und Seidenwebereien gemacht – ihren Reichtum stellten sie hier selbstbewusst zur Schau.

Das Deckenfresko zeigt Figuren aus der römischen Mythologie. Es spielt auf die Hochzeit an und wohl auch auf den Familiennamen der Braut, Clara Amorth. Amor schwebt sinnstiftend im Zentrum und hat seinen Liebespfeil bereits verschossen. Venus steht ihm zur Seite, die anderen Göttinnen und Götter stehen Spalier und demonstrieren ausnahmsweise Einigkeit. Die Wände sind im Stil der venezianischen Malerei gestaltet und erinnern an Tiepolo. Zu sehen ist ein opulenter Maskenball, der sich vor einer idealisierten Gartenlandschaft abspielt.

Gemalte Elemente wie Treppen und Statuen auf Säulen erweitern illusionistisch den von exquisit verkleideten und feiernden Menschen bevölkerten imaginären Raum. Die meisterhaft ausgeführten Trompe-l'Oeil-Effekte setzen sich auf der Empore an der Nordwand fort. Gewiss haben die Gastgeber von dort oben stolz auf das Treiben im Saal herabgeblickt.

Wer Lust auf Skurrilitäten hat, sollte auch einen Blick in den Nebenraum werfen. Auch hier wurde nicht gekleckert, sondern geklotzt, und zwar in Form eines chinesischen Kabinetts. Im 18. Jahrhundert waren Chinoiserien der letzte Schrei. Das Allerlei aus japanischen, orientalischen und chinesischen Ingredienzen an den Wänden wirkt fröhlich und unbekümmert. Den zusammengewürfelten „alpenländischen" Dekorationen, die wir in Südtirol manchmal vorfinden, gar nicht mal so unähnlich. Wo im 21. Jahrhundert diamantbesetzte Hirschgeweihe randomisiert auf Melkschemel und ins Tischtuch eingearbeitete Sonntagstrachten treffen, sind es hier eben chinesisch angehauchte Vögel, Bäume, Blumen, Boote und Menschen. Originell ist das jedenfalls!

MUSTERGÜLTIG

Wenn Sie sich für Design und Mode begeistern, sind die sensationellen, im Merkantilmuseum ausgestellten Musterkollektionen aus dem Nachlass der betuchten Tuchhändlerfamilie Menz eine Entdeckung.

Das Palais ist Eigentum eines Immobilieninvestors, der es öffentlich zugänglich gemacht hat. Teil des unkonventionellen

Erlebnispakets ist, dass die Präsentation der Klamotten den freien Blick auf die Wandmalereien teilweise verstellt. Karl Lagerfeld, zeitlebens großer Fan von Chinoiserien, hätte das sicherlich gefallen. Kunst und Kommerz kann, muss aber kein Widerspruch sein. Und das ist nirgends augenfälliger als in der Mode. Jetzt aber nichts wie los zu den türkisfarbenen Kitten Heels mit Slingback-Riemen.

INFOS	**Palais Menz:** Mustergasse 2 **Merkantilmuseum:** Silbergasse 6/Lauben 39, www.handelskammer.bz.it/de/dienstleistungen/merkantilmuseum

4

Die Plappermuttergottes als Logopädin

DOM MARIA HIMMELFAHRT

Der gotische Dom Maria Himmelfahrt hat einiges mitgemacht. Obwohl man ihn das Wahrzeichen der Altstadt nennt, steht er gänzlich unbeeindruckt am Rand des Waltherplatzes. Mit dem Dom inszenierte sich die reich gewordene Handelsstadt.

Das gewaltige Dach mit dem originellen Rautenmuster aus glasierten Biberschwanzziegeln fällt auf, heute wie damals. Derart teuren Firlefanz konnte man sich nicht überall leisten. Ähnliches finden wir selten, etwa beim Wiener Stephansdom und dem Basler Münster. Den alliierten Fliegerbombern war der kostspielige Aufwand herzlich egal. 1943/44 wurde der Dom schwer getroffen, viele Fresken, Fenster und Altarbilder gingen verloren. Lediglich der Kirchturm überstand die Bombenangriffe unbeschadet. Der Wiederaufbau 1949 ließ Bozens Schmuckstück in neuem Glanz erstrahlen. Als ein halbes Jahrhundert später eine Generalsanierung des 3.600 Quadratmeter großen Kirchendachs mit seinen 120.000 Ziegeln notwendig wurde, kostete das rund eine Million Euro. Bozen zeigt zum Glück immer noch gerne, was es sich leisten kann.

In einem der Straßencafés auf dem Waltherplatz sitzend, lässt sich der Dom als großartiges Stück gotischer Baukunst bewundern. Der einheimische rote Sandstein, ein Verwitterungsprodukt des Bozner Porphyrs, sticht ins Auge. Anlässlich der Wiederaufbauarbeiten nach Kriegsende kamen Reste einer frühchristlichen Basilika aus dem 5./6. Jahrhundert zum Vorschein. Auch innen bietet der Bozner Dom einiges. Neben dem „Laitacher Törl" befindet sich eine Freskenmalerei aus dem 14. Jahrhundert. Die Kreuzigungsszene zeigt auf der linken Seite ein kleines „Marterle", das Bild eines Jakobspilgers mit Schlapphut, Mantel und Pilgerstab und umgehängter Geldtasche. Böse Zungen lästern gerne, man benötige in Bozen eben seit jeher viel Geld! Die Pilgerschaft scheint nicht unter einem guten Stern gestanden zu haben. Eine Glocke donnert dem guten Mann auf den Kopf – es hat sich ausgepilgert!

SELIGER HEINRICH
Den Reliquienschrein mit u. a. zwei Rippen des Bozner Stadtpatrons schmücken Rechen, Schaufel, Sense, Gabel – hatte er doch ein ärmliches Leben als landwirtschaftlicher Arbeiter gefristet.

Der gotische Chor wurde im 18. Jahrhundert um eine barocke Kapelle erweitert. Auf deren Altar steht im Strahlenkranz auf einer Mondsichel die Statue einer stillenden Muttergottes. Zu ihr pilgerten früher unzählige Wallfahrende. Daran ist die sogenannte Auffindungslegende nicht ganz unschuldig. Einst war ein Fuhrmann hier vorbeigekommen. Plötzlich vernahm er eine Stimme, die ihn anwies: „Heb' mich auf, heb' mich auf!" Mitten im Sumpf („Moos" genannt) soll er besagte Statue entdeckt und diese zur Kirche gebracht haben. Anfangs begnügte sich die Statue mit einem kleinen Bildstock. Es geschahen jedoch bald allerlei Wunder, die sich herumsprachen – höchst erfolgreich und ganz ohne Instagram. Der Menschenstrom wollte nicht abreißen und da die Wallfahrenden die Touristen der damaligen Zeit waren, errichtete man eigens eine Kapelle für sie. Die „Muttergottes im Moos" lässt Besuch nach wie vor stoisch über sich ergehen.

Wenn Sie den Dom verlassen, werfen Sie unbedingt einen Blick auf das Madonna-mit-Kind-Fresko außen links neben dem

Hauptportal. Es handelt sich um die sogenannte Plappermuttergottes, erschaffen vom bekannten Künstler Friedrich Pacher. Dass die Plappermuttergottes mehrfach Opfer von Vandalismus geworden ist, würde ihn sich im Grabe umdrehen lassen. Sie hatte nämlich eine besondere Aufgabe: Eltern von Kindern mit Sprachschwierigkeiten kamen hierher und baten sie um Hilfe – nicht ohne ein kleines Honorar in den Schlitz des darunter angebrachten Opferstocks zu stecken. Wir wissen nicht, ob die Plappermuttergottes es tatsächlich mit einer kompetenten Logopädin aufnehmen kann, ein Besuch lohnt sich trotzdem allemal.

INFOS	**Dom Maria Himmelfahrt:** Pfarrplatz. **Domschatzkammer:** Pfarrplatz 29, dompfarre.bz.it/links/domschatzkammer/

5

Neapel meets Knödel

PIZZERIA FRIGGITORIA NAPOLETANA PICCERELLA UND WIRTSHAUS VÖGELE

Bozen hat auch kulinarisch gesehen zwei Gesichter. Wo sonst können Sie so entspannt zwischen alpenländischer und original italienischer Küche hin und her genießen – je nachdem, wonach Ihnen gerade ist?

Wer Douglas Orlando heißt, ist namenstechnisch wie geschaffen für das exzentrische Unterfangen, in alpenländischen Gefilden eine Pizzeria im neapolitanischen Stil zu führen. Douglas ist vor einigen Jahren von Neapel nach Südtirol gezogen. Gemeinsam mit seiner Partnerin Valeria Picone, die ebenfalls neapolitanische Wurzeln besitzt, hat er die Piccerella eröffnet. Auf Neapolitanisch bedeutet piccerella schlicht „klein". Was die Piccerella zum Glück nicht ist, Restaurant und überdachter Innenhof-Garten bieten bis zu 100 Personen Platz. Am Abend geht ohne Online-Reservierung trotzdem nichts.

Die Piccerella liegt nahe am Bahnhof in der Wohnsiedlung, die einst für die Eisenbahner gebaut wurden. Touristen verirren sich selten hierher. Der in Bozen aufgewachsenen Valeria ist die Gegend seit Kindertagen vertraut. In den Räumlichkeiten trafen sich früher die Eisenbahner zu Kartenspiel und Plausch bei einem Gläschen Wein. Mit der Piccerella ist junges Leben eingekehrt. Erwarten Sie sich jedoch keine rot-weiß-karierten Tischtücher und

Wirtshaus Vögele

Korbflaschen. Das Styling ist durch und durch modern – schlicht, aber ausdrucksstark. Achten Sie auf die Kleiderhaken.

Die Pizza schmeckt genauso, wie man sie in Napoli kennt. Mit einem deutlich höheren Brotanteil und einem breiten Rand. Mozzarella, Provola und Tomaten kommen *direttissima* aus Kampanien. Probieren Sie auch die anderen typisch neapolitanischen Gerichte wie *Crocchè* und *Frittatine* – am besten als Vorspeise, es lohnt sich! Dem Gelächter und Stimmengewirr sei Dank fällt es leicht, sich in Napoli zu wähnen. Die Teenies am Tisch nebenan schießen Selfies und posten Fotos ihrer Pizzen, die Namen tragen wie *Eccezione, Nonna Mena* oder *Terra Mia*. In der Ecke tafeln zwei Zugbegleiter nach dem Schichtwechsel, gegenüber hat eine Großfamilie Platz genommen – drei Generationen sind es mindestens.

Laut, lebhaft und genussorientiert geht es auch im Vögele dazu. Und doch speist es sich hier völlig anders. Es herrscht eine gediegene, gehobenere Wirtshausatmosphäre. Man könnte sich in Salzburg wähnen oder in Augsburg. Das Vögele nennt sich selbstbewusst das „Wohnzimmer“ der Boznerinnen und Bozner und damit hat es nicht unrecht. Trotz seiner zentralen Lage ist es nicht zur Touri-Einkehr verkommen. Von früh bis spät ist und bleibt das Vögele ein Treffpunkt der Einheimischen – egal ob alt oder jung, in Loden gekleidet oder mit Sneakers beschuht.

Wenn kein freier Tisch verfügbar ist, setzt einen das Servicepersonal auch mal zu anderen Gästen an den Tisch. Das muss man mögen, doch wen stört das schon, wenn der Rücken entspannt an der jahrhundertealten Holztäfelung lehnt und man sich fragt, ob Johann Wolfgang von Goethe vielleicht genau auf diesem Platz saß und Knödel speiste? Sollten Sie mal keine Lust auf eine Tiroler Stube haben, können Sie auch in der modern designten Gaststube im zweiten Stock speisen.

Das Vögele kam auf Umwegen zu seinem Namen. Eigentlich hieß es einst „Roter Adler“. Als die faschistischen Machthaber 1939 den Namen verboten, mutierte der Adler im Volksmund zum „Vögele“ – dabei ist es geblieben. Die Speisekarte ist umfangreich und bietet das Beste aus der Südtiroler Gasthausküche. Bei Schüttelbrotbandnudeln und Knödel-Kistl, saftigem Spanferkelbraten oder traditionellen Bauerngröstel wird klar: *Tyrol is very much alive.*

NICHT OHNE ITALIEN

Im Vögele grüßt auch Italien verschmitzt herüber, mit Safranrisotto oder Tagliata vom Rind mit Rucola und Datterini – je nach saisonaler Speisekarte.

INFOS

Pizzeria Piccerella: Crispistr. 38/40, www.piccerella.com (Reservierungen nur online)

Wirtshaus Vögele: Goethestr. 3, Tel. 0471 973938, www.voegele.it

6

Frauenpower a la tirolese

CLAUDIA DE' MEDICI

Eine Italienerin als Tiroler Landesfürstin? Claudia de' Medici war das tatsächlich. Wie viele ihrer Zeit erlangte sie ihre Machtposition, weil sämtliche dafür vorgesehenen Männer bereits dahingerafft oder noch unmündige Kinder waren.

1604 als Tochter des Großherzogs der Toskana in Florenz geboren, stammt Claudia de' Medici aus einer der einflussreichsten und vermögendsten Familien ihrer Zeit. Das bedeutete aber nicht, dass sie tun und lassen konnte, was sie wollte: Bereits als Kleinkind wurde sie mit dem Herzog von Urbino verlobt, mit knapp 17 mit ihm verheiratet. Wenig später starb ihr Gatte und Claudia, gerade zum ersten Mal Mutter geworden, kehrte zurück nach Florenz, wo man sie umgehend ins Kloster steckte.

Dabei sollte es nicht bleiben. Schwägerin Maria Magdalena von Österreich war Frau von Claudias Bruders Cosimo, Schwester von Kaiser Ferdinand II. und damit eine echte Society-Lady. Auf ihre Initiative wurde Claudia mit Erzherzog Leopold V. verheiratet. Leopold scheint ein Pragmatiker gewesen zu sein. Als Ex-Bischof (!) war er als Landesfürst von Tirol ein Quereinsteiger und benötigte dringend eine standesgemäße, wenn möglich vermögende Ehefrau. In Claudia fand er beides und heiratete sie in Florenz durch Prokuration, also einen Stellvertreter. Warum auch unnötig großen Aufwand betreiben?

Für Claudia war jetzt definitiv Schluss mit Italien. Wie schnell sie sich im fernen Innsbruck an die dortigen Witterungsverhältnisse gewöhnte, wissen wir nicht. Sie war sowieso hauptsächlich mit Kinderkriegen beschäftigt, bis sich Leopold nur sechs Jahre nach der Hochzeit aus Amt und Leben verabschiedete. Mit 28 zum zweiten Mal Witwe geworden, musste Claudia diesmal kein Klosterdasein fürchten. Obwohl nach Leopolds Tod die Herrschaft über Tirol an den Kaiser fiel, übernahm sie *de facto* die Regentschaft. Diese würde 14 Jahre lang dauern, bis zur Volljährigkeit des Thronfolgers.

MODERNE UND ZEITGENÖSSISCHE KUNST

Das Museum Eccel Kreuzer zeigt rund 1.500 Kunstwerke. Den Grundstock der Sammlung legte das Textilhändlerehepaar Eccel. Tochter und Kunstkritikerin Eva Eccel erweiterte mit Josef Kreuzer die Sammlung.

Claudia regierte unabhängig und weitgehend selbstbestimmt. Gebildet und entscheidungsfreudig herrschte sie über ein großes Gebiet, das vom Elsass über Vorarlberg bis an den Gardasee reichte. Ihre Minister und Räte mussten mit Hilfe des Kaisers ermahnt werden, den Anweisungen der Regentin zu folgen anstatt sich ungefragt einzumischen. Dank geschickter Diplomatie, militärischer Reformen und klug eingesetzter Medici-Gelder gelang es Claudia sogar, die Grafschaft Tirol aus den Wirren des dreißigjährigen Krieges herauszuhalten.

Für Bozen war Claudia ebenfalls ein Glücksfall. Als Florentinerin brachte sie nicht nur die toskanischen Hofgepflogenheiten und ein Stück italienische Kultur mit nach Tirol. Sie unterstützte auch das Ansinnen der in Bozen ansässigen italienischen Kaufleute um die Bestellung eines des Italienischen mächtigen Richters in Handelsangelegenheiten. Gegen den Widerstand einiger Bozner Alteingesessener setzte Claudia die Errichtung des Merkantilmagistrats durch. Als bilaterales deutsch-italienisch besetztes Handelsgericht gab es den Kaufleuten Rechtssicherheit und trug entscheidend zum Aufschwung Bozens als Handelsmetropole bei. Und mutete nicht nur für damalige Zeiten sehr modern an.

Claudia starb 44-jährig in Innsbruck. In Bozen wertschätzt man sie bis heute. Nach ihr sind eine Straße, eine Schule und mit der Claudiana ein universitäres Ausbildungszentrum für Gesundheitsberufe benannt. Der von ihr eingerichtete Merkantilmagistrat erbaute das im Stil der Spätrenaissance errichtete Gebäude unter den Lauben. Dort befindet sich heute das sehenswerte Merkantilmuseum.

INFOS

Merkantilmuseum: Silbergasse 6/Lauben 39, www.handelskammer.bz.it/de/dienstleistungen/merkantilmuseum
Museum Eccel Kreuzer: Silbergasse 10, www.eccel-kreuzer.it

7

Drink like Casanova

OBSTMARKT UND DR.-STREITER-GASSE

Auch wenn Sie vermutlich nicht des Hugo wegen nach Bozen kommen, können wir nicht anders, als ihn kurz zu erwähnen. Als einer von Südtirols Exportschlagern hat er sich das nun mal verdient – egal wie man zu ihm stehen mag.

Der Hugo wurde in Südtirol erfunden, allerdings im Vinschgau und nicht in Bozen. Das holundersüße Getränk ist in Bozen trotzdem ein Dauerbrenner. Der spritzige Longdrink mit wenig Alkohol lässt sich besonders stilecht an einem der Bartischchen rund um den Obstmarkt schlürfen. Den Obstmarkt auf dem Obstplatz gibt es seit über 500 Jahren. Seinem Namen erweist er bis heute Ehre. Statt Kühlschrankmagneten und USB-Kabel dürfen Sie hier tatsächlich noch Lebensmittel kaufen: Obst, Gemüse, frisches Brot, Käse, Blumen und im Herbst frisch geröstete Kastanien.

Bekannt sind der Obstplatz und die umliegenden Gassen auch als das Szeneviertel der Altstadt. Die Bars reihen sich wie Perlen aneinander und sind wie geschaffen für eine ausgiebige Aperitivo-Runde. Es muss ja nicht unbedingt ein Hugo sein!

Im **Banco 11** am Obstplatz serviert die Finnin und seit Jahrzehnten in Bozen lebende Birgitta Puustinen kleine Häppchen, gerne auch mal Austern zum Aperitif. Beliebt bei Touristen sind **Cobos Fischbänke** in der Dr.-Streiter-Gasse. Der Lebenskünstler,

BRUSCHETTE

Birgitta Puustinen, Banco 11

Maler und Gastronom betreibt dort zwischen März und November seine Freiluftkneipe. Eine sehr empfehlenswerte Einkehr ist **Lisas Weinboutique** in derselben Gasse. An winzigen Tischchen sitzend dürfen Sie beste Südtiroler Weine genießen, viele davon glasweise. Lisa Anderle versorgt ihre Gäste nicht nur mit einem ständig wechselnden Angebot, sondern auch mit einem freundlich-liebevollen Schwätzchen.

Wenn Sie einheimische Gesellschaft bei gutem Essen suchen, ist die lange Tafel im **Bogen** die richtige Wahl. Setzen Sie sich einfach dazu.

Am Obstplatz selbst sind neben einigen ausgesuchten Shopping Locations in Form von Schokoladenmanufakturen und Modeboutiquen angesagte Bars zu Hause. Das **Nadamas** ist ein Lieblingsort der Boznerinnen und Bozner. Hier sitzen die deutsche und die italienische Sprachgruppe sommers wie winters gerne draußen – und zwar nicht nur Rücken an Rücken, sondern auch

gemeinsam am selben Tisch. Jung und Alt kommen zusammen, Künstlerinnen treffen Freiberufler, Alternative kuscheln mit Normalos. Verena und Marco servieren Bruschetta, Knödel und Couscous, an den Wänden stellen Südtiroler Künstlerinnen und Künstler ihre Werke aus. Hier findet zusammen, was zusammengehört – vollkommener boznerisch geht es eigentlich nicht.

Gleich nebenan mixen die **Black Sheep** *Boys and Girls* Cocktails, über die ganz Bozen spricht. Ihr Motto: *Drink differently*. Geben Sie ruhig zu, dass Sie noch nie einen *Piazza Walter* im Glas hatten und auch keinen *Oltrisarco*, *Gries* oder *Parco Stazione*. Namensgeber für die Drinks sind Bozner Stadtteile und Örtlichkeiten. Am skurrilsten klingt der *Via Virus* – die gibt es im Bozner Slang tatsächlich. Sollten Sie anlässlich Ihres Aperitivo einer Celebrity Hommage erweisen wollen, empfehlen wir Ihnen den Cocktail Casanova. Der venezianische Dandy stieg ganze zwei Wochen lang in Bozen ab, vermutlich unweit des Obstplatzes. Nach seiner Flucht aus den Bleikammern des venezianischen Dogenpalasts war Bozen der ideale Ort, um mal tief durchzuatmen und sich von der reichen Familie Menz Geld für neue Outfits zu leihen. Der *Casanova* ist eine Spielart des mexikanischen *Paloma* und enthält unter anderem Holunderblütenlikör – womit wir wieder beim Hugo wären. Es gibt eben kein Entrinnen. Wohl bekomm's!

Giacomo Casanovas Aufenthalt in Bozen inspirierte den ungarischen Schriftsteller Sándor Márai zum Roman „Die Gräfin von Parma", der ein Bestseller wurde.

INFOS

Banco 11: Obstplatz 11
Cobo: Dr.-Josef-Streiter-Gasse 28
Lisa: Dr.-Josef-Streiter-Gasse, 22 a/b, lisa-wine-store.business.site
Bogen: Dr.-Josef-Streiter-Gasse 31, www.bogen.bz
Nadamas: Obstplatz 43/44, www.nadamasristorante.it
Black Sheep: Obstplatz 46/A, blacksheepbolzano.eatbu.com

8

Das Schloss in der Burg

SCHLOSS MARETSCH

Wieder mal sind wir nur wenige Schritte von der trubeligen Laubengasse entfernt und befinden uns trotzdem mitten im Grünen. Schloss Maretsch liegt umgeben von üppigen Weingärten.

Quadratisch, praktisch, gut, mögen sich die Erbauer gedacht haben. Maretsch erblickte als wehrhafte mittelalterliche Burganlage das Licht der Welt. Nicht wie üblich hoch oben auf einem Felsvorsprung, sondern in der Talsohle. Die ersten Burgbewohner werden schon gewusst haben, warum sie auf dicke Mauern, Bergfried und Schießscharten Wert legten. Die Herren von Maretsch unterstützten niemand Geringeren als den Tiroler Landesfürsten und waren dessen Expansionsplänen im Bozner Talkessel behilflich. Die Gegend war ein echter Zankapfel. Der mächtige Bischof von Trient wollte sein angestammtes Recht nicht widerstandslos aufgeben. Das lässt auch an heutige Zeiten denken, in denen jeder Quadratzentimeter Baugrund in der Bozner Industriezone, im umgebenden Grünland und in der Innenstadt hart umkämpft ist und gerne Anlass zu medial groß aufgemischten Streitigkeiten gibt.

Ein paar Jahrhunderte später und unter neuen Herren wurde Maretsch zum Renaissanceschloss erweitert, mit Prunksälen und prachtvollen Fresken. Von außen kann Maretsch seine Herkunft als Burg nicht verleugnen. Der quadratische Bau mit seinen Rundtürmen wirkt genauso trutzig wie viele der rund 40 Burganlagen, die rund um Bozen mit pittoresken An- und Ausblicken entzücken. Der Römersaal mit aufwendig bemalter Holzdecke und Wandfresken ist ein Prunksaal aus der Renaissance. Der Philosophengang wartet mit ungewöhnlichen Wandmalereien auf, die auf Abweichungen von der katholischen Doktrin und auf Sympathie eines Schlossherrn für den „lutherischen" neuen Glauben schließen lassen, zumal auf den Bozner Messen auch Bücher der Reformation durchgereicht wurden: Abgebildet ist unter anderem ein gewisser Peter Spetsker (Pietro Spaziale), ein Gelehrter aus Cittadella, der vom Inquisitor als Ketzer verurteilt wurde.

BURGEN- UND SCHLÖSSERFIEBER

Der Spaziergang von Schloss Maretsch zur Burg Runkelstein führt auf der Wassermauerpromenade an der Talfer entlang, umgeben vom Grün der Flussauen und Weinberge.

Schloss Maretsch wanderte im Lauf der Jahrhunderte durch die Hände mehrerer Familien. Zeitweise beherbergte es ein Zeughaus, ein Militärquartier und ein Staatsarchiv. Wieder einmal zeigt sich, wie wechselvoll Südtiroler Geschichte seit jeher gewesen ist. Und dass so eine Mehrfachnutzung auch ihre Tücken hat: Im 20. Jahrhundert stand das baufällig gewordene Schloss viele Jahre lang leer, bevor man sich an die Sanierung wagte. Die Stiftung Bozner Schlösser bewirtschaftet Maretsch heute als Veranstaltungszentrum. Eine Schlossbesichtigung ist an event-freien Tagen möglich. Noch größere Freude macht diese, wenn sich damit ein Konzert- oder ein Theaterbesuch verbinden lassen, die während der Sommermonate im Burghof stattfinden. Wechselnde Ausstellungen sind ganzjährig zu sehen.

Ein Event, das Sie auf keinen Fall verpassen sollten, ist die Bozner Weinkost (2024 wird pausiert). Hier treffen sich alljährlich im Frühling Weinproduzenten, Sommelières, Köche und Weinkennerinnen. Die mehrtägige Weinkost geht bis auf das Jahr 1896 zurück und ist nicht umsonst Südtirols traditionsreichste Weinveranstaltung. Im locker-eleganten Schlossambiente laden eine stattliche Anzahl Südtiroler Weinproduzentinnen und -produzenten zur Verkostung ihrer Weine ein. Große Kellereien sind ebenso

mit von der Partie wie kleinere Weingüter. Berührungsängste sind unangebracht, denn die Weinwelt zeigt sich hier ungehemmt durchlässig. Die Weinkost steht allen Weininteressierten und -liebenden offen, und Sommeliers sind schließlich auch nur Menschen!

INFOS	**Schloss Maretsch:** Claudia-de-Medici Str. 12, www.maretsch.info **Bozner Weinkost:** Infos unter www.bolzano-bozen.it

9

Als der kleine Franziskus Ministrant war

FRANZISKANERKLOSTER UND -KIRCHE

Wenn wir durch den Torbogen in den Vorhof der Franziskanerkirche treten, sind der Rummel und die lärmenden Altstadtgassen bereits Geschichte. Ein paar Treppenstufen weiter herrscht tiefste Stille. Der Klosterkreuzgang entpuppt sich als wahre Oase für Ruhesuchende, die dem Altstadttrubel entfliehen möchten.

Der gotische Kreuzgang samt Garten liegt tiefer als die Franziskanergasse. Daran ist der Fluss Talfer schuld. Seit der Klostergründung vor rund acht Jahrhunderten hat er bei Überschwemmungen immer mal wieder was mitgebracht. Erst seit dem Bau wehrhafter Dämme im 17. Jahrhundert ist das Kloster vor Vermurung sicher. Die Franziskaner sind ein Bettelorden, der sich auf den heiligen Franziskus beruft. Die Mönche gehen oft barfuß in Sandalen, egal ob es regnet, stürmt oder schneit, weshalb sie auch Barfüßer heißen. Der Strick, der dem braunen Habit als Gürtel dient, ist in drei Knoten gebunden, die Armut, Ehelosigkeit und Gehorsam symbolisieren. Weil das Armutsgebot auch für das Kloster selbst gilt, verwundert es nicht, dass die Kirche bescheiden gestaltet und bar all dessen ist, das sich Schmuck oder Prunk nennen würde. Das kann zur Abwechslung eine Wohltat für Auge und Gemüt sein.

Einer Sage zufolge kam Franziskus selbst in Bozen vorbei. Das war allerdings vor der Ordensgründung. Der kleine Franziskus begleitete seinen Vater, einen reichen Tuchhändler aus Assisi, zu einem der großen Bozner Märkte. Während der Messe in einer Kapelle auf dem heutigen Klostergelände soll Franziskus dem Priester als Ministrant assistiert haben. Gesichert ist, dass das Kloster noch zu Lebzeiten des Heiligen Franziskus gegründet wurde. 1780 veranlasste die habsburgische Kaiserin Maria Theresia die Einrichtung des Franziskanergymnasiums und beauftragte die Mönche mit Leitung und Unterricht. Das humanistische christliche Gymnasium gibt es bis heute und gilt als Kaderschmiede der guten Bozner Gesellschaft.

Durch eine Pforte an der Westseite treten wir in das Kircheninnere. Hier ist es hoch, weit und karg. An Werktagen sind wir meistens allein, was den Eindruck der beinah entrückten Erhabenheit des Ortes noch verstärkt. Das Doktorenfries an der Nordwand verherrlicht die franziskanischen Geistesgrößen der christlichen Welt um 1500. Kardinäle, Bischöfe und Professoren halten Schriften in den Händen und gestikulieren wichtig, wie das weiße alte Männer manchmal gerne tun.

Im Chor steht ein wunderbarer gotischer Flügelaltar des Schnitzmeisters Hans Klocker. Im Schrein stoßen wir auf die Darstellung der Heiligen Familie und die Anbetung der Heiligen Drei Könige. Boznerinnen und Bozner nennen ihn gerne Weihnachtsaltar oder Krippenaltar. Es ist alter Brauch, in der Weihnachtszeit mit den Kindern vor diesem Altar zu beten. Bevor wir in die trubeligen Lauben zurückkehren, wandeln wir den Kreuzgang mit seinen sehenswerten Fresken entlang und freuen uns am Spiel von Licht und Schatten.

Apropos Schatten. In den Jahren nach dem Zweiten Weltkrieg diente das Kloster einem unrühmlichen Zweck, als Südtirols jahrhundertealter Status als Transitland eine gänzlich neue Dimension erfuhr. Auf der „Rattenlinie“ flüchteten Tausende SS-Angehörige

und Nationalsozialisten über den Brenner nach Genua und Rom, wo sie Schiffe nach Übersee bestiegen. Dies gelang auch dank tatkräftiger Hilfe der katholischen Kirche, des Roten Kreuzes, Südtiroler Bürgermeister und nicht zuletzt Südtiroler Bürger, die als Schlepper fungierten. Im Franziskanerkloster fand neben anderen Nazi-Größen noch im Jahr 1950 (!) kein Geringerer als Adolf Eichmann wochenlang Unterschlupf. Zu wissen, dass ein Mensch, der für millionenfachen Mord und den personifizierten „Schreibtischtäter" schlechthin steht, hier Fluchthilfe erhielt, macht beklommen.

WIRTSHAUS IN DER ALTSTADT

Vom Klostereingang sind es nur wenige Schritte zu den Franziskanerstuben. Einst bekannt als ein Café im Stile eines Wiener Kaffeehauses, ließ es der Laubenkaufmann Thomas Rizzoli in ein Altbozner Wirtshaus verwandeln.

INFOS

Franziskanerkirche: Franziskanergasse 1
Franziskanerstuben: Franziskanergasse 7, Tel. 0471 976183, www.franziskanerstuben.com

10

Schneidig, schneidig!

LORENZI MESSER

In einem Geschäft Beratung zu finden, die jedes Bewertungsforum im Internet übertrifft, und zugleich eine Reise in die Vergangenheit zu unternehmen – wo sonst bekommen Sie so etwas geboten?

In Bozen gibt es gleich zwei Ausnahmefachgeschäfte für scharfe Sachen, geführt von den beiden Brüdern Franco und Giuliano Lorenzi. Wer sich für Messer und Klingen interessiert, ist hier richtig. Die beiden gehören nämlich einer im wahrsten Sinne des Wortes geschliffenen Dynastie von Messerschmieden und Scherenschleifern an. Der Urgroßvater stammte aus der Val Rendena im westlichen Trentino, zu habsburgerischen Zeiten noch ein Teil Welschtirols. Wie viele andere aus dem Tal zog er mit dem Schleifstein, der „Slaifera", als fahrender Scheren- und Messerschleifer umher. Viele seiner Kollegen wanderten zu Beginn des 20. Jahrhunderts aus: nach Österreich, Australien, Lateinamerika, Kanada und in die USA, wo nicht wenige Nachkommen heute noch die Messer wetzen. Den Lorenzi-Urgroßvater verschlug es in die Schweiz, sein Sohn Nicolò verdingte sich nach Kriegsende in Bozen als Wanderschleifer und entschloss sich zu bleiben. Seine Söhne haben sich ebenfalls den Messern verschrieben.

28
LORENZI 1948
Arrotino - Coltelleria
Feinschleifer - Messerwaren

Für die zwei Lorenzis sind Messer mehr als nur praktische Schneidewerkzeuge. Messer haben eine Seele und eine Geschichte, sind Teil und Ausdruck kultureller Entwicklung. Klingen aus Silex, Bronze, Eisen oder ultramodernen pulvermetallurgischen Stählen werden mit Griffen versehen, die vielfältiger nicht sein könnten. Mit scharfem Auge werden die Griffe aus Holz, Horn oder Kunststoff verziert. Egal ob Opfermesser, Skalpell, Schnitz- oder Tafelmesser – Messer sind nicht nur zum Schneiden da, sondern können auch als begehrte Sammelobjekte große Freude machen.

Ihre Kompetenz teilen die Lorenzis in zwei Geschäften. Auch wenn Sie mit Messern wenig anfangen können, sollten Sie vorbeischauen. Wo sonst lassen sich mehr als einhundert verschiedene

Korkenzieher bewundern? Zu vielfältigsten Küchengeräten und -werkzeugen gesellen sich Utensilien zur Pflege von Nägeln und Barthaar und sogar Aufschneidemaschinen. Selbst beim Kauf eines einfachen Küchenmesser werden Sie von den Lorenzis als Draufgabe einen wertvollen Tipp oder Hinweis bekommen. In jedem Fall wird man Sie fragen, wofür Sie das Messer benutzen wollen, und dann ein geeignetes Messer aus den Schubladen und Regalen holen. Vielleicht wird man Ihnen sogar vorschlagen, das Messer in einem anderen Winkel zu schleifen, je nachdem wozu es dienen soll. Sie werden staunen angesichts des geballten Wissens, von dem Sie nichts ahnten, und am Ende hochzufrieden den Laden verlassen – auch wenn Sie sich bloß umgesehen oder nur Ihr Messer oder Ihre Schere zum Schleifen vorbeigebracht haben.

Läden wie dieser scheinen irgendwie aus der Zeit gefallen und sind zugleich doch hochmodern dank eines Angebots, das einer Profiköchin, einem Starfriseur, einem Schneider oder Schafschererin würdig ist. Sollten Sie etwas verschenken wollen, dürfen Sie aus 800 verschiedenen Taschenmessern wählen. Messer verschenken? Das zerschneidet doch das Band der Freundschaft! Ach wo. Machen Sie es einfach wie der ehemalige Südtiroler Landeshauptmann Luis Durnwalder. Er hat oft und gerne Schweizer Taschenmesser verteilt, seinem Gegenüber aber dafür stets die kleinste Münze aus dessen Brieftasche abverlangt – um das Präsent symbolisch zu verkaufen.

NOCH EIN CHARAKTERLADEN

Kurzwaren wie aus dem Füllhorn geschüttelt: Knöpfe, Reißverschlüsse, Bänder, Bordüren, Garne – auch im Traditionsgeschäft T. Gasser gilt: kompetente Beratung und Atmosphäre sind inklusive.

INFOS

Lorenzi: Bindergasse 28 (Sommelier- und Küchenartikel) und Goethestr. 28 (Hand- und Fußpflegeutensilien, Schleifen von chirurgischen Präzisionsinstrumenten, Sport- und Sammler-Messer), www.lorenzi.bz.it

T. Gasser: Lauben 53

Batzenhäusl

11

Wo sich Einheimische auf ein Glas treffen

BINDERGASSE UND BATZENHÄUSL

Das muss man sich mal vorstellen: durch die schmale Bindergasse verlief jahrhundertelang fast der gesamte Nord-Süd-Verkehr Europas! Täglich ratterten Hunderte von Karren durch diese einzige Durchfahrtstraße, die Bozen besaß.

Alle Waren, die aus den Gebieten unzähliger Fürstentümer und Königreiche jenseits der Alpen kamen und für italienische Händler bestimmt waren, passierten die Bindergasse, auf Fuhrwerken oder Saumpferden. Umgekehrt war es genauso. Jede Zimtstange und jedes Fitzelchen Seidenstoff, die über Venedig oder andere Adriahäfen nach Norden zu liefern waren, mussten hier durch. Am heutigen Zwölfmalgreiner Platz, damals Zollstange genannt, musste der Wegzoll berappt werden.

Durch die Zollgasse, die heute Andreas-Hofer-Straße heißt, ging es weiter in die Bindergasse. Hier reihte sich ein Gasthaus an das andere. Fuhrleute und Gäste, die per Postkutsche unterwegs waren, wollten schließlich verköstigt werden und ein Schlafquartier finden. Pferde mussten versorgt, Fuhrwerke repariert, Waren eingelagert oder umgeladen werden. Die Fuhrknechte waren des Lesens meistens unkundig und orientierten sich an den farbenfrohen Wirtshausschildern. Einige davon sehen Sie heute noch:

Das Weiße Rössl, Pfau, Schlüssel, Eisenhut oder Mondschein (Luna). Das **Weiße Rössl** ist immer noch ein gut besuchtes Gasthaus, das **Mondschein** hat sich zum Designhotel mit Restaurant gemausert. Das Gartencafé im Park ist inmitten des Altstadttrubels eine wahre Oase der Ruhe. Von den anderen Einkehrstätten sind nur die Schilder übriggeblieben.

Doch was hat das mit der Bindergasse überhaupt zu bedeuten? Der Name weist darauf hin, dass hier einst die Fassbinder werkelten. Über 30 waren es zu Spitzenzeiten. Das ist allerdings lange her. Einer hat in den 1960ern die Tradition wieder aufgenommen, draußen am Stadtrand. Der Familienbetrieb Mittelberger ist eine feste Größe in der internationalen Fässerwelt und verkauft seine handgefertigten Gebinde bis nach Südafrika und Australien. Die Bindergasse erinnert uns daran, dass das Fassbinden mal eine wichtige Zunft war, als Eisen- und Kupferbleche zu teuer und Plastik noch nicht erfunden war. Die Fassbinder fertigten aus Holz nämlich nicht nur Weinfässer, sondern auch Eimer, Schaffe, Kübel und Schöpfer.

In die Bindergasse kommen wir gerne, um ein Stück unverfälschtes Alt-Bozen zu genießen. Heute geht es in der Gasse bedeutend gemütlicher zu als damals. Hier treffen sich die Einheimischen nur zu gerne auf ein Glas. Und weil nicht immer Wein hineinfließen muss, gehen sie auch gerne mal die paar Schritte hinüber zum **Batzenhäusl**. Südtirols großartiger Weintradition zum Trotz sollten wir nicht vergessen, dass man hierzulande auch im Bierbrauen versiert ist.

BIODIVERSITY CENTER

Im stattlichen gotischen ehemals kaiserlichen Amtshaus gegenüber vom „Rössl" zeigt das **Naturmuseum** seine Schätze und wartet regelmäßig mit interessanten Sonderausstellungen auf.

Über Jahrhunderte verarbeiteten die Brauereien landauf und landab lokal angebaute Gerste und Hopfen. In den letzten Jahren haben einige kleinere (Wirtshaus-)Brauereien von sich reden gemacht. Das Batzenbräu ist eine davon und war früher Ausschank der Weinproduktion des Deutschen Ordens. Wie wäre es mit einem Vienna, einem Dunkel oder einem IPA – oder möchten Sie lieber ein Porter probieren? Im Wirtshaus Batzenhäusl

verbinden sich, typisch für Bozen, die jahrhundertealten Stuben mit clever platzierten zeitgenössischen Elementen. Sie können aber auch draußen im Wirtsgarten sitzen oder – an bestimmten Tagen – ein Stockwerk tiefer im angrenzenden Sudwerk. Das ist Kult. Dort wird nach Herzenslust gejazzt, gerockt, geslammed, getanzt und gefeiert.

INFOS

Weißes Rössl: Bindergasse 6, Tel. 0471 973267, www.weissesroessl.org

Parkhotel Mondschein: Piavestraße 15/Bindergasse 25, www.parkhotelmondschein.com

Batzenhäusl und Batzenbräu: Andreas-Hofer-Straße 30, www.batzen.it

Naturmuseum Südtirol: Bindergasse 1, www.natura.museum

Fassbinderei Mittelberger: www.mittelberger.bz.it

12

Totgesagte leben länger

FILMCLUB

Dem Kino wird in regelmäßigen Abständen der Untergang prophezeit. In Bozen heißt es aber: Filmbegeisterte aufgepasst! Dass das Kino hier erfrischend lebendig ist, verdanken wir dem Filmclub.

Die unerschöpfliche Vielfalt der Streaming-Landschaft führt nicht selten zur Erschöpfung. Man browst durch Plattformen, Watchlists und Genres. Spielfilm, Serie oder doch lieber eine Doku? Mit Untertitel oder in Originalversion? Preisgekrönter Klassiker oder Newcomer? Bevor man sich versieht, ist der Abend vorbei. Wie froh sind wir, dass uns der Bozner Filmclub das unlösbare Luxusproblem der unbegrenzten Möglichkeiten abnimmt. Aus einer kleinen Handvoll sorgfältig kuratierter Filme zu wählen und in einen gut gepolsterten Kinosessel zu sinken kann ungeheuer entspannen.

1978 kam eine Handvoll Cineasten auf die verwegene Idee, in Bozen ein Arthouse Kino für deutschsprachige Filme einzurichten. Filme abseits des Mainstreams zu zeigen, noch dazu auf Deutsch in einer kulturell überwiegend italienisch geprägten Stadt, erforderte tatsächlich Draufgängertum. Wie kriegt man pünktlich zum anvisierten Filmstart fünf 35-mm-Filmrollen à fünf

18.–23.04.2023
CAPITOL
ORF

Eva Matthes beim Film Festival Bozen

Kilogramm über die Brennergrenze gewuppt, wenn sich Filmproduzenten, Verleih, die Bürokratie und der Zoll abwechselnd querstellen? Filmclubgründer Martin Kaufmann ließ sich nicht beirren. Fuhr auf den Brenner, wo er irgendwann wirklich jede Bar kannte. Mal erfolgte die Übergabe offiziell, oft nicht. Die Filme schafften es jedenfalls (fast) immer nach Bozen, auch den italienischen Zöllnern sei Dank. Die saßen nicht selten am Nebentisch beim Mittagessen und schauten gnädig weg, während der Deal mit den sperrigen Zelluloid-Rollen über die Bühne ging – schließlich befanden sie sich gerade nicht im Dienst.

Dank Digitalisierung ist das Ganze seit gut einem Jahrzehnt weniger abenteuerlich. Die Filme trudeln gemütlich per Download in Bozen ein, Martins Bandscheiben wissen es ihnen zu danken. Die Menschen in Bozen freuen sich über Filme abseits des Mainstreams und ein tägliches Kinoprogramm, das die ganze Vielfalt der Kinolandschaft nach Bozen bringt, inzwischen auch

in vielen anderen Sprachen. Es lebe der Untertitel! Warteschlangen und ausverkaufte Vorführungen sind im Filmclub keine Seltenheit. Netflix, Disney und Prime zum Trotz gehen die Menschen nach wie vor gerne in Filmtheater, die ein gut ausgewähltes Programm bieten. Umso besser, wenn man anschließend noch ein Schwätzchen halten oder ein Gläschen trinken kann – am besten bei Marius Romen, der in der netten Bar im Foyer Weine, Säfte und Limonaden aus der Region auftischt. In seinem Garten im Hinterhof lässt es sich ebenfalls aushalten, vor und nach dem Film.

Der Filmclub ist eine Bozner Institution. Ihm verdanken die Boznerinnen und Bozner den Genuss der Meisterwerke von Kinogrößen wie Wim Wenders, Werner Herzog, R. W. Fassbinder und Jim Jarmusch. Später gründete der Filmclub Außenstellen in anderen Südtiroler Städten und Gemeinden. Doch damit nicht genug. Die unermüdlichen Cineasten setzten mit dem Bozner Film Festival noch eins obendrauf. Weil Regisseure und Regisseurinnen gerne nach Südtirol kommen, haben Namen wie Margarethe von Trotta, Herbert Achternbusch, Michael Verhoeven, Fred Zinnemann, Dana Vavrova, Tonino Guerra und Mario Monicelli hierzulande auch Gesichter. Und wer fände nicht Spaß daran, Marianne Sägebrecht, Mario Adorf und Eva Mattes zufällig auf der Straße zu begegnen? In Bozen geht das, denn wir sind klein genug.

BOZENS FENSTER IN DIE WELT

Alljährlich im April verleiht das *Bolzano Film Festival Bozen* der Stadt cineastisches Flair. In den Gassen Augen auf: Begegnungen mit Stars und Sternchen gehören dazu.

INFOS

Filmclub Capitol Kino: Dr.-Josef-Streiter-Gasse 8/D, www.filmclub.it
Film Festival Bozen: www.filmfestival.bz.it

13

Prunkvolle Bescheidenheit

DOMINIKANERKIRCHE UND JOHANNESKAPELLE

Ein unscheinbares Gebäude, ein schlichtes Kirchenschiff. Trotzdem ist die Dominikanerkirche ein Ort zum Staunen – und zum Gruseln. Sie liegt keine 200 Meter vom Dom Maria Himmelfahrt am Waltherplatz entfernt. Und doch liegen zwischen den beiden Sakralgebäuden Welten.

Wo der Dom protzt und prunkt, bleibt die Dominikanerkirche bescheiden. Die Kunstjuwelen, die sich in ihrem Inneren verstecken, sind einen Besuch aber unbedingt wert. Die nüchterne Leere des Kirchenraums verwundert nicht, wurde die Kirche doch 1944 durch Bombentreffer schwer beschädigt. Die Dominikaner waren im 13. Jahrhundert nach Bozen gekommen, um ein Kloster zu gründen. Nach seiner Auflösung 1785 diente es im Ersten Weltkrieg als Kriegslazarett. In der Zwischenkriegszeit machte dann Benito Mussolini *himself* 50.000 Lire locker, um die Kirche wieder zu konsekrieren und zu restaurieren. Der ehemalige Klosterkomplex beherbergt heute das Musikkonservatorium, in der Kirche finden italienische Gottesdienste statt.

EINHORN IM KLOSTER
Nebenan befinden sich das ehemalige Dominikanerkloster inklusive Kreuzgang. Wir entdecken darin eine Verkündigung an Maria in einem *hortus conclusus* als Einhornjagd. Letztere lassen sich nun einmal nur von Jungfrauen fangen …

Ziel unseres Besuchs ist die Johanneskapelle, in die eine Tür an der Westseite des Chorraums führt. Hier regieren Pracht und Prunk, der Kontrast der Wandfresken zur vorangegangenen Einfachheit könnte nicht größer sein. Schalten Sie die Beleuchtung ein, der Eindruck ist überwältigend. Die Wände sind über und über mit Fresken geschmückt. Wer nicht bibelfest ist, dürfte Mühe haben, die einzelnen Werke zu entziffern, doch zum Glück leistet eine Erklärungstafel Abhilfe.

Nahe dem Eingang fällt eine befremdlich anmutende Darstellung auf. Einem Menschen wird von seinen Peinigern die Haut abgezogen. Gemartert wird der Heilige Bartholomäus, einer der Jünger Christi, der angeblich einen Volksstamm zum Christentum bekehrt und Götzenbilder zerstört hatte. Im Mittelalter lud die Kirche Gläubige gerne mit schaurigen Darstellungen zur Einkehr ein. Die menschliche Sensationslust dürfte den Reiz des Betrachtens zusätzlich gesteigert haben.

Schaurig-schön und verstörend ist auch die Szene mit dem Reiter als „Triumph des Todes“. Der (dunkelhäutige) Tod verfolgt eine Gesellschaft (hellhäutiger) junger Männer, die hinter einstürzenden Mauern Schutz suchen – vergeblich. Ihr Reichtum, symbolisiert durch edle Pferde und die erhabene Burg, hilft ihnen nichts. Dagegen bleiben die Seelen der Armen verschont. Engel begleiten in den Himmel. Dort geht's auf die Waage. In einer Waagschale sitzt die gute Seele und wiegt schwer, auf der anderen Schale versucht der Teufel vergeblich, die Waagschale hinunterzudrücken. Der Reiter schwingt derweil die Sense und mäht Menschenköpfe, unabhängig von deren Rang und Würde – nicht einmal der Bischof bleibt verschont! Das Bild darf als Vision des Weltuntergangs verstanden werden, verkörpert der Reiter doch die damals unablässige Bedrohung der Menschheit – durch Kriege, Hunger, Seuchen und eine Obrigkeit der Willkür.

Die Wandmalereien sind das Werk mehrerer Maler aus dem Veneto und entstanden im Auftrag der zugewanderten Bankiersfamilie mit Florentiner Wurzeln (Botzo) de Rossi, eingedeutscht Botsch. Ein Botsch hieß Giovannino, ein anderer Nicolò. Deshalb finden wir Szenen aus dem Leben von Johannes dem Täufer, Jo-

hannes dem Evangelisten und dem Heiligen Nikolaus, während die schwarz-weiß gestreiften Gewänder einiger Figuren wenig diskret das Botsch'sche Wappen zitieren.

Die Fresken lehnen sich unverhohlen an Giottos weltberühmte Fresken in der Cappella degli Scrovegni in Padua an. Giotto stellte Menschen in Bewegung dar, gab ihnen individuelle Züge, ließ die Heiligen Gefühle zeigen. Seine revolutionäre Bildsprache wurde auch in Bozen nachgeahmt – zum Glück, wie wir finden!

INFOS

Dominikanerkirche mit Johanneskapelle: Dominikanerplatz (Kreuzgang aktuell leider nur sehr beschränkte Öffnungszeiten)

14

Darf das weg?

MUSEION, MUSEUM FÜR MODERNE KUNST

Ein Glaspalast mit zwei Brücken, die auf den ersten Blick wie ein Konstruktionsfehler aussehen, und dazwischen eine Wiese mit von Goldschmied & Chiari tätowierter Magnolie. Definitiv kein Ort für Langeweile.

Wie ein Fremdkörper wirkt das Museion inmitten adrett verputzter Häuser. Ein Glaspalast, in dem sich die Welt spiegelt. Kunst lässt sich eben nicht festlegen. Die Spiegelung soll eine Verbindung schaffen – zwischen dem deutschsprachig-alpenländischen und dem italienischen Bozen. Von Westen kommend wird der Gang über ein Konstrukt notwendig, das Brücke zu nennen eine grobe Vereinfachung wäre. Die zwei schwingenden Kurven sind wie Zwillinge, die sich aufs Haar gleichen und bei näherem Hinsehen doch völlig verschieden sind. Wo die eine Kurve eine Welle nach oben beschreibt, neigt sich die andere nach unten. Ein Sinnbild für diese mehrsprachige, mehrgesichtige Stadt.

Auf der Wiese vor dem Museion dürfen Hunde im saftigen Grün tollen und die Gedanken schweifen. Das ist sehr entspannend. Wer lieber auf Stühlen sitzt, kann sich im Außenbereich der Museion-Bar niederlassen und der Talfer beim Dahinfließen zuschauen. Drinnen heißt es dann, die eigenen Sinne zu schärfen. Im Museion wechseln die Ausstellungen halbjährlich. Das Erdgeschoss setzt den Takt – als Konstrukt mit semitransparenten

Wänden. Manche fungieren als Spiegel, der zugleich Durchsicht ermöglicht. Ich betrachte Kunst und gleichzeitig mich selbst ... bin ich Teil von ihr? Lässt sich Kunst jemals objektiv betrachten? Das Museion will Kunst lebendig machen, mit Führungen, *Family Tours*, Workshops für Kinder und den in Dialogform angelegten *Art Speakings*.

Unter Einheimischen ist das Museion nicht unumstritten. Südtirolerinnen und Südtiroler verbinden mit ihm den Skandal um den bereits 1997 verstorbenen deutschen Künstler Martin Kippenberger und sein Werk „Zuerst die Füße". Es zeigt einen grünen gekreuzigten Frosch, der in einer Hand einen Bierkrug und in der anderen ein Ei hält. Das Werk soll den Gemütszustand des Künstlers im Zuge eines Alkohol- und Drogenentzugs ausdrücken, so die Interpretation. Einige sahen das aber ganz anders. Der gekreuzigte Frosch verhöhne die christlich-abendländische Kultur, sei gar Gotteslästerung. Papst Benedikt XVI., der ausgerechnet in jenem schicksalhaften Sommer 2008 auf Südtirolurlaub weilte, äußerte sein Missfallen, ebenso der italienische Kulturminister. 30 fromme Südtiroler Katholiken protestierten mit Rosenkranz und Gesang allsamstäglich gegen das Werk. Ein konservativer Lokalpolitiker trat in medienwirksamer Märtyrermanier vor dem Museion gar in den Hungerstreik. Die Initiative „ARTbrothers kraxentrouga" ließ es sich wiederum nicht nehmen, den hungernden Politiker mit Fastenknödeln zu versorgen. Eine Boznerin brachte sogar einen selbst gebackenen Hefezopf in Froschform vorbei. Da ist es nur verständlich, dass der Politiker den Hungerstreik bereits nach einer Woche abbrach.

Das Museion blieb standhaft, der Frosch durfte bleiben. 2015 kam es zu einer weiteren Posse. Die Installation „Where shall we go dancing tonight?" bestand aus leeren Champagner-Flaschen, Konfetti, ausgedrückten Zigaretten und leeren Gläsern. Nachdem am Abend zuvor eine Künstlerparty im Museion stattgefunden hatte, warf ein Mitarbeiter der vom Museion beauftragten Putzcrew die Installation in den Müll. Die sorgfältig in Glas, Plastik und Restmüll getrennten Teile des Kunstwerks mussten aus den Müllsäcken geholt und rekonstruiert werden. Das war sogar der BBC einen Bericht wert.

VON DER INSPIRATION ZUR ARBEIT

Wo könnte man besser studieren als hier? Im Museion gibt es eine Bibliothek in Kooperation mit der Freien Universität Bozen. Hier finden Sie alles und noch mehr zum Thema Kunst.

INFOS

Museion, Piero-Siena-Platz 1, www.museion.it, donnerstags 18–22 Uhr kostenloser Eintritt

PLUG

15

Willkommen im Theater der Menschheit

TALFERWIESEN UND WASSERMAUERPROMENADE

In einer fremden Stadt machen die Orte abseits der touristischen Hotspotroute besonders großen Spaß. Sie erlauben, für kurze Zeit in die Haut echter Locals zu schlüpfen und den Alltag durch deren Brille zu betrachten.

Den Reiz der Talferwiesen macht das Unspektakuläre aus. Nein, wir sind nicht im Central Park und nicht im Englischen Garten. Wir befinden uns in Bozen und wollen in diesem Moment gar nirgends anders sein. Wer nur zu gerne einmal ungeniert boznerisch unterwegs sein möchte, sollte auf der Wassermauerpromenade spazieren gehen. So heißt die rund zwei Kilometer lange Flaniermeile auf der Dammkrone des in Wiesen gebetteten Flusses Talfer.

Die Talfer trennt die historische Altstadt im Osten von der während des faschistischen Regimes entstandenen Neustadt. Von der Talferbrücke spazieren wir orografisch links nordwärts. Um uns herum entfaltet sich das ganz normale Bozen. *Mamme* und Papis schieben Kinderwagen, Büroangestellte schnappen telefonierend etwas Luft, Hunde führen ihre Frauchen Gassi, Jogger laufen

DIE SCHWENKBANK
Mögen Sie die Sonne lieber im Gesicht oder im Rücken? Die Lehnen der Promenadenbänke sind – dank historischer, gusseiserner Gestelle mit Klappmechanismus – schwenkbar.

an aus Osteuropa stammenden Altenpflegerinnen vorbei, die auf den Parkbänken miteinander plaudern. Auf den Wiesen zum Fluss hin sitzen Jugendliche in Grüppchen beisammen – auch mal am Vormittag, offensichtlich auf die nahe Schule pfeifend – ach, das waren Zeiten!

Kurz vor dem Promenadencafé St. Anton, auf der Höhe von Schloss Maretsch mit seinen runden Ecktürmen, öffnet sich nach Osten ein echter Postkartenblick auf Südtirols Paradeberg, den Rosengarten. Der Zwergenkönig Laurin winkt bestimmt neidisch herüber angesichts dieses unangestrengt urbanen Flairs.

Im Skaterpark in unserem Rücken messen sich Jugendliche und Junggebliebene, unüberhörbar das Klappern ihrer Boards. Bergidyll trifft auf weltläufiges Gewuseln, der Norden und der Süden lassen sich auf eine entspannte Umarmung ein, nach der man andernorts lange sucht.

Es gibt kaum etwas Schöneres als sich mit einer Zeitung zum Espresso im St. Anton niederzulassen und dem Theater der Menschheit zuzuschauen, das an uns vorüberzieht. Etwas weiter nördlich liegt Bozens einziger Biergarten im Grünen, das Ahoi! Er ist zu Fuß oder per Rad erreichbar und verfügt über einen kürzlich renovierten 18-Loch-Minigolfplatz. Hier dürfen Sie den Schläger schwingen und sich als waschechte Boznerin wähnen. In dieser quirligen Oase sommers unter Bäumen bei einem kühlen Bier und einem Melonensalat oder einer Pizza zu sitzen, während die Talfer kühle Luft aus dem Sarntal ins stickige Bozner Becken befördert, ist ein Hochgenuss.

Das Zeug zum populärsten Erholungsgebiet der Bozner hatten die Talferwiesen nicht immer. Nach heftigen Niederschlägen verwandelte sich der Fluss regelmäßig in ein unberechenbares, reißendes Wildwasser, das in vergangenen Jahrhunderten mehrmals Teile von Bozen-Gries verwüstete. Im 17. Jahrhundert wurden deshalb an beiden Ufern massive Schutzdämme errichtet. Ihren breiten Kronen verdanken wir die Promenaden, auf denen es sich so ausgezeichnet flanieren und radeln lässt. Die um 1900 aufgestellten elektrischen Straßenlaternen blieben erhalten und stehen heute unter Denkmalschutz. In den 1970er-Jahren wurde der Fluss nochmals in engere Schranken verwiesen, das restliche ehemalige Bachbett mit Erde aufgefüllt und begrünt. Heute präsentiert sich die innerstädtische Flussstrecke in einem naturähnlichen Zustand.

Talferwiesen und Wassermauerpromenade: zwischen Talfer- und St.-Anton-Brücke
Ahoi! Minigolf. Pizza – Food – Fun: Bozner Wassermauer 22, www.ahoi.bz
Café St. Anton: Bozner Wassermauer 10

16

Mordfall Ötzi

SÜDTIROLER ARCHÄOLOGIEMUSEUM

„Muss ich da wirklich hin?“ Die Antwort lautet leider „ja“. Sie haben keine Wahl. Nirgendwo sonst auf der Welt hat das Gletschereis einen Menschen und dessen Ausrüstung über mehr als fünf Jahrtausende so annähernd perfekt konserviert.

Zugegeben, das Museum während der Hochsaison als Schlechtwetterprogramm zu wählen, ist keine gute Idee. Besuchen Sie Ötzi lieber bei Sonnenschein oder nach 16 Uhr, wenn sich der Besucherandrang gelegt hat. Das Museum ist ein Must: Niemand hätte vor Ötzi sagen können, wie Menschen in den Alpen in der Jungsteinzeit gekleidet waren. Was sie aßen, wie sie jagten. Fell, Leder, Holz oder Speisereste überdauern die Jahrtausende im Normalfall nämlich nicht und um schriftliche Zeugnisse ist es auch schlecht bestellt. Wir wissen nicht einmal, welche Sprache Ötzi und seine Zeitgenossen sprachen.

Vor mehr als 5000 Jahren überquerte der Mann, den wir Ötzi oder Iceman nennen, das Tisenjoch im Südtiroler Schnalstal, fand dort einen gewaltsamen Tod und wurde im Gletschereis auf natürliche Weise konserviert. Zu diesem Zeitpunkt war von den ägyptischen Pyramiden noch nicht einmal die Rede. 1991 lief ein deutsches Ehepaar nichtsahnend auf einer Wanderung in den Ötztaler Alpen dem aus dem Eis aufgetauchten Leichnam über den Weg, wenige Meter entfernt von der Staatsgrenze zu Österreich. Deshalb residiert Ötzi heute in Bozen und nicht etwa in Wien – samt Waffen, Kleidung und persönlichen Gerätschaften.

Im Südtiroler Archäologiemuseum können wir in eine im Detail unübertroffene Szenerie von Originalfundstücken eintauchen. Wir sehen kunstvoll gefertigte Pfeile, akkurat genähte Beinkleider, eine Fellmütze, erstaunlich funktionales Schuhwerk und eine perfekt gearbeitete Kupferaxt mit Holzstiel (das einzige vollständig erhaltene urgeschichtliche Beil weltweit!). Sie dürfen anlässlich Ihres Ötzi-Besuchs aber mehr tun als nur schauen. An einem großen interaktiven Touchscreen können Sie selbst Hand am virtuellen mumifizierten Körper anlegen und nach der Pfeilspitze suchen, die Ötzi ins Jenseits beförderte.

Ein paar Schritte weiter tritt Ihnen Ötzi als lebensechte Rekonstruktion gegenüber – wie Genanalysen inzwischen ergeben haben, hatte er in Wirklichkeit kein so volles Kopfhaar und war aufgrund seines anatolischen Migrationshintergrunds deutlich dunkelhäutiger. Ötzis knackiger, durchtrainierter Figur tut das allerdings keinen Abbruch. Das berührende Highlight des Museumsbesuchs ist der mumifizierte und vielfach tätowierte Körper von Ötzi selbst. Keine Sorge, sollten Sie den Leichnam nicht ansehen wollen. Er wird respektvoll in einem separaten Bereich präsentiert und das in so diskretem Licht, dass Besucher schon mal beklagen, ihn beinahe übersehen und an ihm vorbeigelaufen zu sein.

ZUM VERTIEFEN

Der Bookshop im Museum bietet eine umfassende Auswahl von Literatur zur Gletschermumie Ötzi und zum Leben in der Steinzeit.

Ötzi ist der bestuntersuchte Patient aller Zeiten. Wir wissen fast alles über seine Wehwehchen. Er war nicht nur laktoseintolerant, sondern litt auch an Paradontose, dem Helicobacter und Borreliose. Seine Bandscheiben waren auch nicht mehr die besten. Vielleicht hätte er nicht Pilates schwänzen und stattdessen oberhalb der Baumgrenze herumirren sollen. Aber was soll's, hinterher ist man immer schlauer. Forschenden gelang es sogar, Ötzis letzte Mahlzeit zu bestimmen und nachzuweisen, dass er in seinen letzten Lebenswochen gehörigen Stress gehabt hatte, be-

vor ihn ein hinterrücks abgeschossener Pfeil traf. Wer sein Mörder war und welche Motive den angetrieben haben, wird aller Voraussicht nach ein Rätsel bleiben. Falls Sie aber einen heißen Tipp haben, können Sie den im Museum an einer eigenen Wand loswerden …

INFOS

Südtiroler Archäologiemuseum:
Museumsstraße 43, www.iceman.it

17

Fake it till you make it

SCHLOSS RUNKELSTEIN

Geld allein macht nicht glücklich. Es kann aber einiges zur Inszenierung des eigenen sozialen Aufstiegs beitragen. Wer will schon als neureich verschrien sein? Das war im Mittelalter nicht anders als heute.

Was könnte einem näher liegen als sich ein Schloss anzuschaffen und es mit Fresken auszustatten, über die man bis zum heutigen Tag spricht? Mission geglückt! Das Schloss Runkelstein macht was her. In bester Burgmanier thront es auf einem imposanten Porphyrfelsen hoch über der Talfer am Eingang zum Sarntal. Mit Zinnen, Schießscharten, Burggraben und allem, was dazugehört. Im späten 14. Jahrhundert schafften sich die Brüder Vintler an, was wir heute ein Prestigeobjekt ersten Ranges nennen würden. Sie wurden in eine Familie wohlhabender Kaufleute hineingeboren. Dem unaufhörlich angehäuften Mammon zum Trotz strebten sie nach Höherem. Die Erhebung in den Adelsstand musste her! Sie kauften das Schloss und ließen es standesgemäß einrichten, frei nach dem Motto: Fake it till you make it.

Die Vintlers statteten ihr Schloss mit Wandbemalungen aus, die sich bis heute als älteste und umfangreichste profane Freskenmalerei des Mittelalters behaupten. Das soll ihnen erst mal einer nachmachen. Die Malereien der „Bilderburg“ sind unbedingt sehenswert. Sie stellen das Leben bei Hofe dar und transportieren eine unmissverständliche Botschaft: Wir gehören auch dazu! Die Dargestellten tragen Kronen, beherrschen die höfischen Tänze und spielen mußegängerisch Ball. Adeliger geht es eigentlich gar nicht.

Dass die Brüder nach den Sternen griffen, zeigt sich eindrucksvoll im Westpalas. Zu Füßen der Gäste erstreckte sich die Handelsstadt Bozen, über ihnen ein kunstvoll gemalter Sternenhimmel. Die an die Wände gebannten Paare scheinen ins Gespräch vertieft, mit Ausnahme einer Dame – uns schien, als verfolge sie uns mit ihrem Blick. Nebenan darf ein mittelalterliches Turnier bestaunt werden. Auf diesem Fresko ließen sich die Brüder Vintler selbst gleich mit verewigen.

Ein Fresko zeigt Frauen und Männer, die gemeinsam fischen. Einer der Edelmänner will einer Dame einen Fisch reichen – blitzt aber ab bei der Ungnädigen. Sie fängt offensichtlich lieber selbst einen. Als Familienwappen wählten die Vintler Bärentatzen. Wie eine Duftmarke tauchen sie hier und dort im Schloss auf, selbstbewusst platziert neben den Wappen adeliger Bozner Familien und, man mag es kaum glauben, jenen europäischer Königs- und Fürstenhäuser. Einige Wände sind geschmückt mit exotischen und fantastischen Tieren, Drachen, Riesen, Zwergen – und Einhörnern!

SCHÖNE AUSSICHTEN
Unter Bäumen und vor der mit Efeu berankten Burgmauer sitzend haben Sie beim Kaffee in der Burgschänke die bemalte Fassade des Sommerhauses bestens im Blick.

Unbedingt sehenswert ist auch das Sommerhaus. Wenn die Hitze bleiern über dem Bozner Talkessel liegt und einem nach dem kurzen, aber steilen Anstieg zur Burg die Schweißperlen auf der Stirn stehen, ist es hier spürbar kühler. Die Brüder widmeten einen ganzen Raum der Bildgeschichte von Garel vom blühenden Tal, dem mutigsten unter den Rittern von König Artus und dessen Tafelrunde. Der angrenzende Raum illustriert die tragische Liebesgeschichte von Tristan und Isolde, wobei die von den Brüdern beauftragten Künstler durchaus kreativ mit dem Stoff umgingen: Es müssen nicht immer beide sterben, oder? Die Vintlersche Fake-it-till-you-make-it-Strategie trug jedenfalls Früchte: 1393 wurden die beiden endlich geadelt. So bezaubernd das Schloss, so

fordernd der An- und erst der Abstieg! Um die im Sommer stattfindenden Konzerte im Innenhof elegant und heil zu überstehen, sind neben High Heels Turnschuhe in der Handtasche ein echter Trumpf.

INFOS

Schloss Runkelstein: Kaiser-Franz-Josef-Weg 1, www.runkelstein.info
Parkplätze am Fuß des Burghügels, Buslinie 12 und Shuttlebusse ab Waltherplatz (ca. 10 Minuten steiler Anstieg)

18

Fata Morgana in den Weinbergen

ANTONIO DALLE NOGARE STIFTUNG

Schon vor dem Schritt über die Schwelle wähnen wir uns ganz woanders. Die Antonio Dalle Nogare Stiftung liegt so verwunschen zwischen Weinbergen, dass sich hier eine eigene Welt auftut. Wir hätten nichts dagegen, hier einzuziehen.

Es fällt nicht leicht, sich ausgerechnet hier ein Zentrum für zeitgenössische Kunst vorzustellen. Wir sind in Sachen Südtirolidyll allerhand gewöhnt, doch diese Gegend (nördlich der Stadt, Richtung Sarntal) setzt mit seinen Burgen, Kapellen und Wasserfällen noch eins obendrauf. Noch schwerer dürfte es allerdings sein, sich vorzustellen, dass die Antonio Dalle Nogare Stiftung hier nicht schon immer ihren Sitz hat. Das Gebäude ist unübersehbar und hocherfrischend modern, integriert sich aber so nahtlos in die Umgebung, dass es an eine Fata Morgana grenzt.

Umgekehrt muss die hier ausgestellte Kunst der Natur gegenüber furchtlos bleiben, sonst hat sie keine Chance. Die großen Fensterfronten ziehen das Blattwerk hoher Bäume und die Landschaft dahinter geradezu in die Räume hinein. Befinden wir uns drinnen oder draußen? Wo hört die Natur auf, wo beginnt die

Kunst? Auf der Terrasse atmen wir Bergluft und schauen abwechselnd in die Reben und auf Dan Graham's Spiegelpavillon. Der Bauunternehmer Antonio Dalle Nogare hat eine Vision verwirklicht: eine *esperienza culturale a 360 gradi*. In jungen Jahren war er Profi-Tennisspieler, vom ersten selbstverdienten Geld kaufte er sich Kunstwerke. Sie legten den Grundstein seiner umfangreichen, seit 2018 der Öffentlichkeit zugänglichen Privatsammlung.

KUNST ERLÄUTERT UND ERKLÄRT
Um Interessierten eine Begleitung durch die Ausstellungen zu ermöglichen, bietet die Stiftung kostenlose Führungen durch die Sammlung und die aktuelle Ausstellung an.

Antonio reiste viel, besuchte die wichtigen Museen der Welt und näherte sich der zeitgenössischen Kunst an. Im Mittelpunkt der Sammlung steht seine Leidenschaft für die Konzeptkunst und Minimal Art von den 1960ern bis heute sowie die italienische *Arte Povera*. Antonio träumte davon, ein kleines Dia Beacon für Bozen zu erschaffen. Das Dia Beacon liegt 60 Meilen nördlich von New York City nahe dem Hudson River und präsentiert dort zeitgenössische Kunst von Weltrang. Die Architekten Walter Angonese und Andrea Marastoni verwirklichten gemeinsam mit Antonio ein Gebäude, das der Sammlung würdig ist. Dafür musste der Fels des Berghangs abgetragen werden. Der dabei gewonnene Porphyr wurde später als Baustoff verwendet. In den Außenmauern tritt er deutlich zutage und verstärkt den Eindruck, dass dieses Gebäude Teil der Landschaft ist und kein Fremdkörper.

Auch drinnen spüren Sie, dass Sie sich mitten in einem Berghang befinden. Manchmal wirkt der Grundriss schief oder schräg – das ist so gewollt. Unbehandeltes Eichenholz schafft eine warme Atmosphäre, der Weg führt durch große, offene Räume. Da ist nichts zu spüren von der Sterilität manch anderer Ausstellungsorte. Hier mal versehentlich über Nacht eingesperrt zu werden, wäre sicherlich nicht das Schlimmste.

In der Sammlung warten Werke von Größen wie Carl Andre, Robert Barry, Günther Förg, Dan Graham, On Kawara, Joseph Kosuth, Piero Manzoni, Blinky Palermo, James Turrell und vielen anderen. Unbedingt empfehlenswert sind auch die wechselnden Sonderausstellungen, darunter Einzel- und Gruppenausstellun-

gen. Die Stiftung lädt regelmäßig international tätige Künstlerinnen und Künstler ein und lässt sie die verschiedenen Ausstellungsräume in völliger Freiheit gestalten. Deren Werke mischen sich dann gelegentlich auch mal in die Sammlung. Kunst bleibt eben in Bewegung, und das ist gut so.

INFOS

Antonio Dalle Nogare Stiftung: Rafensteiner Weg 19, fondazioneantoniodallenogare.com (nur samstags oder gegen Voranmeldung)
Bus 150 und Stadtbus 12 ab Stadtzentrum

19

Grün bedeutet verheiratet und rot ledig

SARNTAL

Was übers Sarntal und seiner Bewohnerinnen und Bewohner, Sarner genannt, erzählt wird, klingt erstmal nicht schlecht. Rau und ursprünglich die Landschaft, die Menschen freundlich, hilfsbereit und traditionsbewusst, aber auch schlagfertig und mit einem besonderen Humor ausgestattet.

Eng ist das Tal, das sich vom nördlichen Stadtrand Bozens bis zum Penser Joch hinaufzieht. Heute ist die Fahrt dorthin ein Kinderspiel. Breite, hell erleuchtete Tunnels haben die ehemals kurvenreiche Strecke entschärft. Nach kurzer Fahrt öffnet sich ein weiter Kessel, in dem der Hauptort Sarnthein liegt. Ein frisches Berglüftchen weht, der mediterrane Bozner Flair ist vergessen. Doch wo sind die Sarnerinnen und Sarner, dieses spezielle Völkchen, dessen Dialekt und Festtagstrachten ganz Südtirol ein Begriff sind? Es empfiehlt sich ein Bummel durch den historischen Dorfkern. Im Gasthaus Post am Postplatz hinter der Kirche und beim Braunwirt treffen sich die Einheimischen. Die sind an Nicht-Fest- und an Nicht-Feiertagen natürlich ganz gewöhnlich gekleidet.

Kirche in Durnholz

Einblicke in die Sarner Tradition gibt das uralte Bauernhaus Rohrer, in dem ein Museum untergebracht ist. Statt einer bloßen Anhäufung bäuerlicher Gegenstände ermöglicht der Rundgang durchs Rohrerhaus das Eintauchen ins Alltagsleben vergangener Zeiten. Neben der Rauchküche und der gotischen Stube dürfen Sie den Bauerngarten und den Schauacker besuchen. Fast möchte man meinen, als lebe und arbeite die Bauernfamilie immer noch hier. Der Trägerverein bietet Kurse und Workshops an. Wer schon immer mal im alten Bauernofen Brot backen oder einen Palmbesen binden wollte, erhält hier Gelegenheit. Na los, trauen Sie sich!

Noch ursprünglicher wird es in Durnholz, einem Seitental, das wenige Kilometer hinter Sarnthein abzweigt. Am Talschluss finden wir einen romantischen Bergsee. Am Berghang scharen sich wenige Häuser um ein altes Kirchlein mit einem spitzen gotischen Turm. Hier lassen sich wahre Schätze entdecken. Der Friedhof lohnt einen kleinen Spaziergang, sind doch alle Gräber

mit schmiedeeisernen Grabkreuzen ausgestattet und exakt demselben Blumenschmuck bepflanzt. Zwei Frauen, darunter die Mesnerin, kümmern sich um die Gräber, pflanzen und gießen. Der Grabschmuck wechselt jedes Jahr. So viel Uniformität gefällt nicht allen Sarnern, ästhetisch ist sie jedenfalls ein Hochgenuss.

Der Freskenschmuck in der Kirche St. Nikolaus zählt zu den bedeutendsten der Hochgotik in Südtirol. Schon erstaunlich, dass in dieser Abgeschiedenheit, weitab von Burgen, Klöstern und Adelssitzen, im frühen 15. Jahrhundert ein so reicher Freskenschmuck angebracht wurde – über die Auftraggeber ist nichts bekannt. Die Fresken wurden während der Pestzeit mit Kalk übertüncht und erst 1987–1989 freigelegt und restauriert, weshalb sie außerordentlich gut erhalten und leuchtend farbenfroh sind. Sie bezaubern mit einer Mischung oberitalienischer und süddeutscher Elemente.

Die beste Gelegenheit, die typische Sarner Tracht zu bewundern, ist der Sonntagsgottesdienst. Die traditionelle Kleidung der Frauen besteht aus einem schwarzen Plisseerock (*Kietl* genannt) mit bunter Schürze (*Firte*), einem schwarzen Mieder, einem gefalteten geblümten Schultertuch und mitunter einem flachen breitkrempigen Hut über stets kunstvoll geflochtenen Haaren. Die Männer tragen schwarze Lodenhosen, ein weißes Leinenhemd, lederne Hosenträger (*Kraxe*) und einen stattlichen Bauchgurt (*Fatsch*). *Kraxe* und *Fatsch* sind mit weißen Federkielfäden bestickt. Nach der Messe geht's zum Plausch zum Jägerwirt neben der Kirche.

NOCH ZU HABEN?

Praktisch ist die Bedeutung der bunten Schnüre am schwarzen Sarner Männertrachtenhut. Eine grüne Schnur signalisiert, dass der Hutträger verheiratet ist, eine rote, dass er ledig ist.

INFOS

Rohrerhaus: Runggener Str. 10, Sarnthein, www.rohrerhaus.it
Kirche St. Nikolaus: Durnholz
Sie möchten einem **Federkielsticker** über die Schultern schauen? Hier finden Sie, wo das möglich ist: www.sarner-gschick.com

WWW.

20

Italienische Lebensart *in purezza*

BAR TIFFANY UND OFFICINA DEL GELO AVALON

Gerade eben sind wir noch durch die Altstadt flaniert, jetzt sind wir plötzlich in Bella Italia. Die Talferbrücke teilt Bozen in zwei Welten – Altstadt und Neustadt.

Es fühlt sich an, als ob man über eine verregnete Autobahn brettern und eine imaginäre Linie überqueren würde; urplötzlich fällt kein einziger Tropfen mehr und die Fahrbahn ist staubtrocken. Ähnlich abrupt verläuft der Übergang von der Alt- in die Neustadt. Auf der Talferbrücke in Richtung Siegesdenkmal, das Mussolinis Stararchitekt Marcello Piacentini als Tor zur Neustadt entwarf, kommen uns italienischsprachige Teenager entgegen, die ungehemmt „Felicità!" schmettern. Willkommen in Italien!

Drüben angekommen, fragen wir uns: Knattern die Vespas lauter, wird hier tatsächlich öfter gehupt und lebhafter aufs Gaspedal getreten – oder bilden wir uns das nur ein? Lauter ist es auf jeden Fall – und lebendiger. Die Neustadt ist Italien *in purezza*. Straßen tragen die klangvollen Namen italienischer Städte – Venezia, Positano, Verona, Amalfi, Vicenza… Bars heißen Dolce Vita, Colosseum und Roma. Auf den ausladenden Bürgersteigen führen elegant gekleidete Signore Pekinesen und Designerhandtaschen spazieren. Der Ausflug in die Bozner Neustadt gleicht einer Sinnestäuschung. Was für ein Kontrast zu den schmalen Gassen der historischen Altstadt! Wir könnten uns ebenso gut in einer anderen oberitalienischen Stadt befinden.

Unser Ziel ist die **Bar Tiffany** an der südwestlichen Ecke des Siegesplatzes. Im Sommer sitzt man unter den Arkaden, im Winter an der Theke oder auf der Empore. Frühaufsteher kommen bereits ab 7 Uhr zum Espresso und *cornetto*. Mittags gibt es schnelle Tagesteller, doch das wahre Leben im Tiffany beginnt am Abend. Besonders an den Wochenenden wird es laut und voll. Neben dem obligatorischen Hugo erleben Gin, Wermut und Campari in Gestalt fantasievoller Cocktails eine Renaissance – Barmann Arshad Ali Adeel geizt weder mit Können noch mit Fantasie.

ITALIEN ERLESEN

Die **Nuova Libreria Cappelli** ist eine bibliophile Schatzgrube für alle, die des Italienischen mächtig sind oder werden wollen. Empfehlenswert ist die bestens sortierte Kinderbuchabteilung.

Wer in Italien weilt, möchte *gelato* genießen, das ist ein Naturgesetz. Die Neustadt wird Sie nicht enttäuschen. In der Freiheitsstraße bekommen Sie das beste Eis Bozens, wenn nicht ganz Südtirols. Paolo Colettos *gelato* heimst bei Wettbewerben jede Menge Preise ein. Also nichts wie hin! Scheren Sie sich nicht um Äußerlichkeiten, der Verkaufsraum ist winzig, draußen stehen ein paar einfache Stühle herum. Es zählen die inneren Werte! Sie heißen Ingwer-Bergamotte, Bitterorange mit Aperol, Zitrone-Wacholder oder marokkanische Minze. Es gibt natürlich auch die Klassiker Vanille, Erdbeere und Zitrone und selbstredend Schokolade, in unterschiedlichsten Ausführungen, von dunkel bis Chili. Paolos Söhne Gabriele und Beniamino sorgen an der Theke dafür, dass alle an die Reihe kommen. Im winzigen Hinterzimmer werkelt Paolo, umgeben von den besten Zutaten, die er kriegen kann, und inspiriert von Musik. Eismachen sei für ihn wie Yoga. Er muss es wissen, reist er doch im Winter, wenn die Gelateria **Avalon** geschlossen ist, regelmäßig nach Indien, um zu meditieren. Zurück kommt er mit neuen Gewürzen und Ideen im Gepäck.

Abgesehen von den Gewürzen und tropischen Früchten, die Paolo bei bewährten Händlern besorgt, versucht er, alles bei lokalen Produzenten einzukaufen. Die Eier stammen aus Aldein, die Milch aus dem Hochpustertal, die Ziegenmilch vom Goashof in Lajen, die Erdbeeren aus dem Martelltal und die Himbeeren aus Völs. Verständlich, dass Paolo seinen Betrieb *Officina del Gelo* (Eiswerkstatt) nennt.

INFOS

Bar Tiffany: Bar Tiffany, Siegesplatz 33, @tiffanybolzano
Officina del Gelo Avalon: Freiheitsstraße 44, www.officinadelgeloavalon.com
Nuova Libreria Cappelli: Freiheitsstraße 2

21

Weil kein Mensch das Recht hat zu gehorchen

CORSO LIBERTÀ UND GERICHTSPLATZ

Die Bozner Neustadt ist eine Planstadt aus dem Bilderbuch. Benito Mussolini ließ Bozen mithilfe monumentaler Architektur von Grund auf „italianisieren“. 1922 an die Macht gekommen, legte er größten Wert darauf zu betonen, dass Bozen eine römische Gründung gewesen sei.

SEMIRURALI-HAUS
Teil der Italianisierung war die Ansiedlung von Industrie und von italienischen Arbeitern – untergebracht in mittlerweile abgerissenen „halbländlichen“ Häuschen. Eins ist noch zu besichtigen.

Das neue siegreiche Italien knüpfte selbstredend direkt an das Römische Reich an. Dass es sich bei *Pons Drusi* lediglich um einen mickrigen Straßenposten gehandelt hatte, wurde getrost unter den Teppich gekehrt. Die Errichtung einer *Nuova Bolzano* sollte zeigen, wer die neuen Herren waren. Adressat war nicht nur die Südtiroler Bevölkerung, die seit dem Vertrag von Saint Germain gezwungen war, plötzlich ein Teil Italiens zu sein und sich umfassenden Italianisierungsmaßnahmen zu unterwerfen. Die ganze Welt sollte staunen.

Wer auf dem Spaziergang durch die Neustadt genau hinsieht, begreift schnell, was Mussolinis Stararchitekt Marcello Piacentini im Sinn hatte: eine Architektur für Herrenmenschen. Die Arkaden sind schwindelerregend hoch, angesichts der Eingangstüren der Wohnhäuser geraten wir ins Grübeln, ob hier wohl Riesen wohnen. Die Architektur wollte zeigen, was das neue, faschistisch durchorganisierte Italien in der Lage war zu leisten. Mussolini verknüpfte mit ihr seinen Ewigkeitsanspruch, in dessen Dienste er sich gar zu einer neuen Zeitrechnung verstieg. Und natürlich ging es darum, den Herrschaftsanspruch auf Südtirol ein für alle Mal festzuklopfen.

Architekt Piacentini verband den Siegesplatz an der Talferbrücke mit dem mittelalterlichen Gries durch eine schnurgerade Verkehrsachse. Die hohen, nüchternen Arkadengänge entlang des *Corso Libertà* (Freiheitsstraße) sollten den viel niedrigeren Altstadtlauben den Rang ablaufen. Die neuen Wohn- und Verwaltungsviertel baute man buchstäblich in die grüne Wiese. Ausladende Prachtstraßen überlagerten die alte Straßenstruktur. Häuser, die sich im falschen Winkel zur Straße wiederfanden, riss man kurzerhand ab. Vereinzelte sind noch zu sehen, sie stehen verschämt abseits – oder stehen sie in Verweigerungshaltung, mit verschränkten Armen in der Ecke?

Es fällt nicht schwer sich vorzustellen, wie fremd, aggressiv und abstoßend die faschistische Monumentalarchitektur auf die ansässige Südtiroler Bevölkerung gewirkt haben muss. Der *Corso Italia*, der unter Mussolini den selbstverliebten Namen *Viale Giulio Cesare* trug, führt zum Gerichtsplatz. Dort zeigt der *Palazzo di Giustizia* (Justizpalast), wie meisterhaft sich die neuen Herren auf die Inszenierung von Macht verstanden. Die unmittelbare Nähe des Justizpalastes zur *Casa Littoria* (Haus der faschistischen Partei) mutet obszön an und kommuniziert unmissverständlich, dass Mussolini einen gefügigen Staat mit einer außer Kraft gesetzten Gewaltenteilung leitete. Das Monumentalrelief an der *Casa Littoria* (heute Finanzamt) zeigt ihn noch heute hoch zu Ross.

Es brauchte mehrere Generationen, um den ästhetischen Wert der Neustadt-Architektur anzuerkennen. Einst als faschistisch verunglimpft, lässt man den *Razionalismo* heute als qualitativ hochwertig gelten – nicht ohne sich kritisch mit ihm auseinan-

derzusetzen. Das Monumentalrelief bleibt als Mahnmal erhalten. Das Zitat der großen Hannah Arendt „Kein Mensch hat das Recht zu gehorchen“ legt sich in Leuchtbuchstaben in den drei Landessprachen deutsch, italienisch und ladinisch über den faschistischen Leitspruch *credere, obbedire, combattere* (glauben, gehorchen, kämpfen).

INFOS

Architekturspaziergang: Siegesplatz–Freiheitsstraße–Italienallee–Gerichtsplatz
Semirurali-Haus: Baristr. 11 (nur samstagnachmittags)

22

Der Stein des Anstoßes

SIEGESDENKMAL UND BZ '18–'45

Denkmäler scheinen ein geradezu diebisches Vergnügen daran zu haben zu entzweien. Das Siegesdenkmal darf sich rühmen, immer wieder Schauplatz erbitterter Grabenkämpfe gewesen zu sein. Genau das macht es so sehenswert.

Es macht sich westlich der Talferbrücke breit. Man kann gar nicht anders als direkt darauf zuzusteuern, und das war selbstredend so gewollt. Auf unmittelbares Geheiß Mussolinis sollte das Bauwerk ein strahlendes Symbol des Sieges italienischer Truppen über Österreich-Ungarn im Ersten Weltkrieg sein. Obendrein feierte das neue, faschistisch durchorganisierte Italien mit ihm die Besiegelung der Brennergrenze. Dem hatte sich die Bevölkerung Südtirols, das jetzt *Alto Adige* hieß, bedingungslos unterzuordnen.

Mit dem Bau des Denkmals initiierte das faschistische Regime die radikale städtebauliche Neuausrichtung Bozens. An einen römischen Triumphbogen erinnernd, sollte das Siegesdenkmal als Tor in die schöne neue Welt der faschistisch designten Neustadt dienen. Alle sollten wissen, dass *Bolzano* von nun an eine durch und durch italienische Provinzhauptstadt war. Architekt Marcello Piacentini wollte den Siegesplatz zum neuen Dreh- und

MONUMENT, ONE CITY,
UN MONUMENTO, UNA
STADT, ZWEI DIKTATURE
DAMIANO CHIESA

Angelpunkt der Stadt machen und ließ symbolträchtig mehrere Prachtstraßen strahlenförmig hinführen. Um sicherzugehen, dass bestehende „deutsche" Gebäude dem neuen *Bolzano* nicht die Show stehlen würden, wurde dem auf der gegenüberliegenden Flussseite liegenden Stadtmuseum kurzerhand der Turm geklaut.

Das Siegesdenkmal steht nicht zufällig hier. 1917 hatten die Österreicher begonnen, genau an dieser Stelle ihren k. u. k. Kaiserjägern ein Denkmal zu setzen. Die Bauarbeiten ruhten abrupt mit dem Kriegsende, Österreich-Ungarn war unterlegen. Das faschistische Regime ließ es sich nicht nehmen, Steine des abgetragenen Kaiserjägerdenkmals in der Krypta unter dem Siegesdenkmal zu verbauen. Das Siegesdenkmal selbst ist nicht bloß mit faschistisch-nationalistischem Pathos aufgeladen, sondern bedient sich auch einer christlichen Motivik. In unmittelbarer Nähe zu den Reliefs, Friesen, Figuren und Inschriften, die von Siegessymbolik nur so strotzen, wirkt die Plastik des auferstandenen Christus bizarr. Mussolini ließ sich schließlich nicht umsonst als neuen Augustus feiern.

WOCHENMARKT
Von Blumenkohl über Schuhe bis Klamotten – samstags bekommen Sie am Siegesplatz alles, was Ihnen zu Ihrem Glück noch fehlt.

Nachdem sich 1945 die totalitären Regime auf Südtiroler Boden endgültig erledigt hatten, blieb das Bauwerk wie ein Findling mitten in der Nachkriegsstadtlandschaft stehen. Als ewiger Reibebaum sorgte es jahrzehntelang für Streit. Es überstand Attentate und diente als schillernd-groteske Bühne für Protestmärsche, militärische Zeremonien und Kundgebungen aller Art. 2009 rangen sich die Verantwortlichen zur Restaurierung des Siegesdenkmals durch. Fünf Jahre später öffnete ein äußerst sehenswerter Ausstellungsparcours in den unterirdischen Räumlichkeiten.

Die Dokumentationsausstellung „BZ '18–'45" trägt den Untertitel „Ein Denkmal, eine Stadt, zwei Diktaturen". Zwei multimediale Rundgänge erzählen die Geschichte des Denkmals, Bozens und Südtirols – unter faschistischer und nationalsozialistischer Herrschaft. Sie erläutern eindrucksvoll, wie eng vermeintlich rein Südtiroler Belange mit nationalen und internationalen Zusammenhängen verknüpft sind. Wir finden das spannend. Das Denkmal ist zu einem Mahnmal der Gegenwart geworden – nicht als Museum im klassischen Sinne, sondern als Ort der kritischen Reflexion und Auseinandersetzung.

INFOS

Dokumentations-Ausstellung im Siegesdenkmal:
Siegesplatz, www.siegesdenkmal.com

23

Gries bleibt Gries

ABTEI MURI-GRIES UND ALTE GRIESER PFARRKIRCHE

Gries liegt zu Füßen des Guntschnabergs und ist eingerahmt von Weinbergen. Wer hier lebt, bezeichnet sich lieber als Grieserin denn als Bozner. Der Eingemeindung zum Trotz. Es gibt sogar eine Seite auf Facebook namens „Gries ist nicht Bozen", die unter anderem den GRIEXIT fordert.

Aber keine Angst, wir befinden uns im Reich der Satire. Sie dürfen getrost das Dorf in der Stadt besuchen, ohne Separatisten zu begegnen. In den 1930er-Jahren wurden die Äcker und Obstgärten zwischen Bozner Altstadt und Grieser Platz umgepflügt und die neuen Straßenzüge der *Nuova Bolzano* aus dem Boden gestampft. Später rückte der Bauboom der 1960er Gries auf die Pelle. Der Grieser Platz zuckte bloß mit den Schultern. Einst hieß er Dorfplatz, dann Kaiser-Franz-Josephs-Platz, bevor ihn das faschistische Regime *Piazza Tiberio* taufte. Seit 1945 darf er Grieser Platz heißen. Früher verband ihn eine Straßenbahn mit dem Bahnhof Bozen, heute können Sie den Bus nehmen. Der Grieser Platz ist der weitläufige Mittelpunkt des heutigen Bozner Stadtviertels Gries-Quirein. An seiner Nordseite wacht die Benediktinerabtei Muri-Gries übers dörfliche Treiben. Der Name ist schnell erklärt. Das 1406 bezogene Augustinerkloster wurde im 19. Jahrhundert den Benediktinermönchen aus dem aufgelösten Kloster

KLOSTERWEINE VOM FEINSTEN
Die von Weinbergen flankierte Klosterkellerei Muri-Gries produziert ausgezeichnete, vielfach preisgekrönte Weine. In der Vinothek dürfen Sie sie verkosten.

Muri in der Schweiz übertragen. Die Stiftskirche ist ein Must-see, alles aus einem Guss gebaut. Nur keine Angst vor Barock! Neben den prachtvollen Wandgemälden und Altarbildern zieht uns insbesondere Martin Knollers Deckenfresko im Langhaus in den Bann. Auf 23 (!) Metern zeigt der damals gesuchte Tiroler Barockmaler und Professor in Mailand, was er kann: Der Ketzersturz kann es in Sachen illusionistischer Technik ohne weiteres mit den Ehrlich Brothers aufnehmen. Zwischen gewaltigen Scheinarchitekturen kommt Christus mit seinem Gefolge herbei, um Augustinus beizustehen. Dieser verteidigt als Kirchenlehrer tapfer den christlichen Glauben. Gegen den auf der Wolke sich nähernden göttlichen Glanz haben die Ungläubigen natürlich keine Chance. Sie stürzen kopfüber in die Tiefe. Passen Sie bitte auf, dass Ihnen keiner von ihnen auf den Kopf fällt!

Vom bergseitigen Ende des Grieser Platzes sind es nur ein paar Schritte zur Alten Grieser Pfarrkirche. Als die Gotik in Tirol Einzug hielt, wurden zahlreiche neue Kirchen gebaut. Auch den wohlhabenden Grieser Weinbauern genügte ihr Kirchenbau nicht mehr. Sie bauten an und bestellten einen neuen Flügelaltar. Dieser sollte ähnlich, wenn nicht sogar größer und schöner als jener in der Bozner Pfarrkirche sein. Lang lebe der Protz! Die Grieser beauftragten keinen Geringeren als Michael Pacher aus Bruneck, der als Maler und Bildschnitzer zu den gefragtesten Künstlern seiner Zeit gehörte. Seine Werke dürfen Sie nicht nur in Südtirol bestaunen, sondern zum Beispiel auch in der Alten Pinakothek in München und im Wiener Belvedere.

In der Barockzeit befanden die Grieser, dass es wieder mal Zeit für etwas Neues sei. Der unmodern gewordene Pacher-Altar wurde abgebaut und zerlegt. Erst im späten 19. Jh. entdeckte man ihn, beziehungsweise was noch von ihm übrig war, wieder. In der Erasmuskapelle dürfen Sie das Meisterstück bestaunen. Schauen Sie sich doch mal die Rückseite des Flügelaltars an! Die hat ein anderer Künstler in Temperatechnik bemalt, um Szenen

der Passion Christi zu zeigen. Ganz rechts unten schaut ein wohlhabender, in modisches Gewand gekleideter Bürger zu, wie Jesus verhöhnt wird. Auf der Nase trägt er einen Zwicker mit grün gefärbten Gläsern. Diese waren mal ein Zeichen großen Reichtums. Gries bleibt eben Gries.

INFOS

Stiftskirche und Benediktinerkloster: Grieser Platz 21, www.muri-gries.it
Weingut, Klosterkellerei, Vinothek: Grieser Platz 21, www.muri-gries.com
Alte Grieser Pfarrkirche: Martin-Knoller-Str. 5

Herr Josef Schmid
Luise Schmid

24

Warum nicht mal ein Grab adoptieren?

FRIEDHOF DER ALTEN GRIESER PFARRKIRCHE

Schlagen Sie um Friedhöfe normalerweise einen großen Bogen? Im Stadtteil Gries sollten Sie eine Ausnahme machen und es den Locals nachtun. Die nutzen den Kirchhof als kürzesten Weg ins quirlige Leben rund um den Grieser Platz. Im Vorbeigehen lässt sich einiges entdecken.

Auf dem denkmalgeschützten Friedhof verblüfft zuallererst die Vielfalt der hier Ruhenden. Neben bürgerlichen, bäuerlichen und adeligen Lokalgrößen fanden auch Menschen aus dem gesamten Habsburgerreich die letzte Ruhe. Vor dem Ersten Weltkrieg war Gries nämlich ein Luftkurort und wetteiferte mit Meran um die Gunst schwindsüchtiger Tuberkulosekranker. Nicht wenige Hotels und Pensionen waren verkappte Lungensanatorien, denn das milde, staubfreie und trockene Winterklima der Alpensüdseite versprach Genesung. Den Segnungen des Klimas zum Trotz bedeutete der Grieser Friedhof häufig Endstation. Die Grabdenkmäler erzählen eindrucksvoll davon.

ZUM FLANIEREN
Auf der nahen Guntschnapromenade gedeihen mediterrane und exotische Schönheiten wie japanische Hanfpalme, Bitterorange, Feigenkaktus und Brautmyrte. Die Aussicht auf den Rosengarten ist prächtig.

Gries war zudem beliebter Alterswohnsitz ehemaliger Angehöriger des habsburgischen Beamtenapparats. So fand ausgerechnet ein Weltumsegler inmitten der Berge seinen letzten Hafen. Bernhard Freiherr von Wüllerstorf-Urbair (1816–1883) war Vizeadmiral und k. u. k. Handelsminister. Österreich konnte sich zwar nicht mit den anderen europäischen Seegroßmächten messen, besaß mit den Adriahäfen Triest und Pola aber eine veritable Seemacht unter rot-weißer Flagge – auch wenn diese weitgehend in Vergessenheit geraten ist.

Freiherr von Wüllerstorf leitete die erste Weltumsegelung der österreichischen Marine. Insgesamt 355 Personen stachen von Triest aus mit dem Dreimastsegler Novara in See. Der Name feierte hämisch den Sieg der Österreicher über das Königreich Sardinien-Piemont bei Novara. Nach der erfolgreichen Expedition verpasste Kaiser Franz Joseph von Wüllerstorf einen Orden, dessen Buch mit der Reisebeschreibung wurde ein Bestseller. Wüllerstorfs meerfernes Grab backbord vom Kirchenportal verdankte der ruhesuchende Seemann einem Urlaub auf dem Bozner Hausberg Ritten, der ungeplant in ewiger Ruhe endete.

An der östlichen Friedhofsmauer erinnert ein eleganter Grabstein mit dem Relief des S. M. Torpedo-Boots Adler an den k. u. k. Linienschiffs-Fähnrich Moriz Grabmayr von Angerheim. Er fand 1899 vor der kroatischen Küste „seinen Tod im Dienste". Was nach Heldeneinsatz klingt, war der Explosion eines überdimensionierten Kessels geschuldet, der bei einer Ausfahrt zur Ausbildung von, man mag es kaum glauben, Brieftauben in die Luft flog.

An der Nordostecke der Friedhofsmauer konfrontiert uns eine Gedenktafel mit dem tragischen Schicksal der Grieser Familie Peer, die 1909 innerhalb von zwölf Tagen sechs Kinder im Alter zwischen zwei und acht Jahren verlor. Laut Sterbebuch starben sie an Masern und Scharlach, vielleicht war es auch die Diphtherie, der damals berüchtigte „Würgeengel der Kinder". Der Anblick der herzzerreißenden Tafel macht auch mehr als einhundert Jahre später noch beklommen.

Der Grieser Friedhof ist kein exklusiv musealer Ort. Seit einigen Jahren dürfen sich Grieserinnen und Grieser hier wieder

beisetzen lassen. Einzige Voraussetzung ist, dass sie beziehungsweise die Angehörigen ein historisches Grab „adoptieren". Gräber, die ungepflegt vor sich hin lottern, erhalten auf diese Weise ein neues „Leben". Der historische Grabstein muss selbstverständlich erhalten bleiben, der neue Dauergast darf sich nur zusätzlich und möglichst diskret verewigen. So tat es beispielsweise der Südtiroler Bestsellerautor Herbert Rosendorfer. Sein Grab liegt am links am Weg, der auf das große Holzkreuz an der westlichen Friedhofsmauer zuläuft.

INFOS	**Friedhof der alten Grieser Pfarrkirche:** Martin-Knoller-Str. 5

25

Hier wird Wein nicht nur getrunken, sondern auch gemacht

KELLEREI BOZEN

Nicht nur mengenmäßig spielt die Weinstadt Bozen in der Oberliga. Mit mehr als 500 Hektar Anbaufläche ist die Provinzhauptstadt Südtirols drittgrößte Weinbaugemeinde. Und ein guter Ort für hochwertige Weine aus besten Lagen.

Am Wein kommt man hier nicht vorbei. Als Handelsstadt war Bozen über Jahrhunderte ein wichtiger Umschlagplatz für edle und nicht so edle Tropfen. Noch dazu ist das Gebiet bestens für den Weinanbau geeignet. Es existiert eine stattliche Anzahl von Weingütern, viele davon auf jahrhundertealten Höfen. Im frühen 20. Jahrhundert gründeten Weinbauern in Gries eine Kellereigenossenschaft, St. Magdalena ging einige Jahre später denselben Weg. Um die Jahrtausendwende einigten sich die insgesamt über 200 Weinbauern aus Gries und St. Magdalena, zu einer einzigen Genossenschaft zu fusionieren. 2018 zog die neue Kellerei Bozen an den westlichen Stadtrand. Mit einer Produktion von drei Millionen Flaschen jährlich gehört sie zu den Schwergewichten der Südtiroler Weinszene – und das nicht nur quantitativ betrachtet.

Das Kellereigebäude allein ist einen Abstecher wert, auch für Anhänger von *Zero Alcohol*. Die Kellerei reiht sich in die beachtliche Anzahl Südtiroler Weinbetriebe ein, die mit aufsehenerregender Architektur von sich reden macht. Der bronzefarbene Kubus steht majestätisch leuchtend mitten in den Weinbergen. Die an ein Rebenblatt gigantischen Ausmaßes erinnernde Hülle setzt ein architektonisches Ausrufezeichen. Als Klimahaus- und Niedrigenergiekellerei legt der Betrieb Wert auf Nachhaltigkeit. Die hochmoderne Kellertechnik ermöglicht ein breites Angebot, darunter viele mehrfach prämierte Spitzenweine, von denen einige mehrere Monate in Barriques lagern.

IM VERKOSTUNGSPARADIES
In den stylischen Verkostungsräumen können Sie neben den beiden Hauptsorten auch andere hervorragende Gewächse verkosten. Am besten schließen Sie sich einer der Kellerführungen an.

Die größtenteils unterirdisch stattfindende Verarbeitung der Trauben wirkt wie Science-Fiction. Über seitliche Rampen werden sie am höchsten Punkt angeliefert und gleiten von der Schwerkraft angetrieben in ein vertikal angeordnetes Verarbeitungssystem, bis sie am tiefsten Punkt ankommen und dort Lage für Lage weiterverarbeitet werden. Ein ausgeklügeltes Klimasystem nutzt die natürliche Kühlung durch kalte Luftströme.

Dank des breiten Talkessels mit steilen Hängen ist Bozen ein Eldorado für Weinreben. Das Klima mit heißen Sonnentagen und kühlen Nächten ist nahezu ideal. Angeblich sollen schon römische und deutsche Kaiser dem „Potzner“ Wein gefrönt haben. In den Tallagen haben Talfer und Eisack jahrtausendelang Bachschotterböden abgelagert und dem Lagrein damit ein Himmelbett ausgebreitet. Der Stock der Lagreintraube trägt kegelförmige schwarzblaue Trauben, die einen extraktreichen, tiefdunklen Wein ergeben. An den bis zu 1000 Metern hohen Berghängen von Ritten und Tschögglberg fühlt sich insbesondere die Vernatschrebe auf verwittertem, mit Lehm und Sand durchsetztem Porphyr pudelwohl.

Die zwei autochthonen Ur-Südtiroler Sorten Lagrein und Vernatsch nehmen die Pole Position in der Weinpalette ein. Stolpern

Sie über das Wort „autochthon“? Es stammt aus dem Altgriechischen und setzt sich aus den Worten „selbst“ und „Erde“ zusammen. Sinngemäß bedeutet das einheimisch. Lagrein und Vernatsch werden hauptsächlich in Südtirol angebaut und besitzen für viele Südtiroler Weintrinkende nahezu religiösen Status. Die preisgekrönten Weißweine der Kellerei zeigen aber, dass sich auch mit anderen Rebsorten rund um Bozen wahre Wunder vollbringen lassen. Egal ob Gewürztraminer, Riesling, Weißburgunder, Kerner, Goldmuskateller, Silvaner, Müller-Thurgau, Chardonnay, Sauvignon oder Pinot Grigio – wir wünschen viel Spaß beim Probieren!

INFOS

Kellerei Bozen mit Vinarius Wineshop:
Moritzinger Weg 36, Tel. 0471 270909,
www.kellereibozen.com

BLOCK F

26

Den Opfern der zweiten Diktatur

DURCHGANGSLAGER, GEDENKSTÄTTE PASSAGE DER ERINNERUNG

Das Durchgangslager gehört zu den dunklen Kapiteln der Bozner Geschichte. Es wurde im Sommer 1944 in Betrieb genommen. Rund 11.000 Menschen waren hier inhaftiert. Die Nationalsozialisten deportierten die meisten von ihnen anschließend in die Konzentrations- und Vernichtungslager nördlich des Brenners.

Die Gefangenen wurden größtenteils aus oberitalienischen Gefängnissen nach Bozen deportiert und hielten sich oft monatelang und unter furchtbarsten Bedingungen im Bozner Durchgangslager auf. Die meisten waren politische Gefangene. Einige waren aus „Rassegründen“ als Juden, Sinti und Roma oder aufgrund von Sippenhaft inhaftiert worden. Zu den Sippenhäftlingen gehörten auch Angehörige von Südtiroler Kriegsdienstverweigererern.

Die Gedenkstätte verläuft parallel zu dem noch erhaltenen Teilstück der Begrenzungsmauer des in den 1960er-Jahren abgerissenen Durchgangslagers. Die Mauer wurde 2001 unter Denkmalschutz gestellt und ist als Erinnerungsort öffentlich zugänglich. Schautafeln erläutern die Lagerorganisation und die Funktionsweise der nationalsozialistischen Deportationsmaschinerie. Das

Hauptaugenmerk liegt auf der Dokumentation der Lebensbedingungen der Deportierten. Abbildungen zeigen Briefe, Tagebucheinträge, Zeichnungen und Musikstücke der Häftlinge, mit deren Hilfe sie sich trotz Gefangenschaft, Zwangsarbeit, Misshandlung und Folter innere Freiheit und Würde zu bewahren versuchten.

Auf dem etwa eineinhalb Hektar großen Gelände am südwestlichen Stadtrand standen Häftlingsbaracken, ein Appellplatz, Arbeitsstätten, 30 Isolationszellen und Verwaltungsgebäude. Auch im Durchgangslager Bozen wurde gefoltert und gemordet. Menschen mussten unter sklavenähnlichen Bedingungen Zwangsarbeit leisten – innerhalb und außerhalb des Lagers. Einige Häftlinge bildeten eine Untergrundorganisation. Sie versuchte, die schlechte Versorgungslage der Deportierten zu verbessern und einen geheimen, unzensierten Briefkontakt mit deren Herkunftsfamilien zu ermöglichen. Unterstützung von außen erhielt sie vom „Komitee der nationalen Befreiung“ (CLN) und von vielen im nahen italienischsprachigen Semirurali-Viertel lebenden Familien.

JOSEF MAYR-NUSSER
Der Bozner wurde 1944 zur SS einberufen, verweigerte aber aus Glaubens- und Gewissensgründen den Eid und wurde wegen „Wehrkraftzersetzung“ zum Tod verurteilt. Er verstarb am 24.2.1945 auf dem Weg nach Dachau in einem Viehwaggon an den Folgen der Haft.

Zwischen Ende April und Anfang Mai 1945 ließ die Lagerführung die letzten der rund 3.000 inhaftierten Menschen frei. Nach Kriegsende wurde das Lager kurzzeitig als Internierungslager für deutsche Kriegsgefangene genutzt, später als Sommerferienlager der katholischen Arbeiterwohlfahrt, Abendschule und Kinderheim. Zeitweise wohnten dort auch Bozner Familien, die nach den Bombenangegriffen auf Bozen ihre Wohnungen verloren hatten. Nach dem Abriss befindet sich an der Stelle des Durchgangslagers heute eine Kindertagesstätte.

Nur wenige der für die Gräueltaten Verantwortlichen wurden gerichtlich belangt und verurteilt. In den 1990er-Jahren entdeckte man am Sitz der Militäranwaltschaft in Rom den *Armadio della Vergogna* (Schrank der Schande) mit Akten über Kriegsverbrechen, auch Unterlagen zum Durchgangslager Bozen. Dadurch konnte der ehemalige Lageraufseher, der sich Jahrzehnte zuvor

unbehelligt nach Kanada abgesetzt hatte, vor Gericht gestellt werden. Das Militärgericht Verona verurteilte ihn wegen Mord und Folter zu lebenslanger Haft. Erst 2008 konnte er an Italien ausgeliefert werden, wo er nach zwei Jahren Haft verstarb.

Weitere Bozner Erinnerungsorte befinden sich in der Claudia-Augusta-Str. und in der Pacinottistraße. Ersterer für Häftlinge, die im Virgltunnel Zwangsarbeit leisteten, Zweiterer markiert die Stelle, wo die Deportierten die Züge in die Konzentrations- und Vernichtungslager bestiegen.

INFOS

Passage der Erinnerung, Durchgangslager: Reschenstraße 80, www.gemeinde.bozen.it/lager

Gedenkstätten: Claudia-Augusta-Straße (nahe dem Virgl-Tunnel-Portal) und Pacinottistraße (vor dem Kreisel Voltastraße)

Josef Mayr-Nusser: Der Südtiroler Leitfigur des Widerstands gegen die NS-Diktatur, ist ein (nicht beschilderter) Themenweg gewidmet: www.josef-mayr-nusser.it/themenweg

27

Der 15. Achttausender

MESSNER MOUNTAIN MUSEUM FIRMIAN, SCHLOSS SIGMUNDSKRON

Jedes Kind kennt Reinhold Messner. Und weiß, dass der Abenteurer, Bergsteiger und Buchautor aus Südtirol stammt. Das Messner Mountain Museum bezeichnet er als seinen „15. Achttausender".

Messner geht so weit, sein Museumsprojekt als größten Erfolg seines Lebens zu bezeichnen. Denn damit könne man auch Besucherinnen und Besucher faszinieren, die noch nie etwas Höheres bestiegen hätten als einen Barhocker. Das Messner Mountain Museum (MMM) umfasst sechs Standorte, die Messner allesamt als Begegnungsstätten mit dem Berg versteht. Firmian ist das größte und befindet sich in der Burganlage Sigmundskron.

Sigmundskron thront südwestlich von Bozen auf einem mächtigen Porphyrfelsen oberhalb der Etsch. Sie ist eine der ältesten Burgen Südtirols, erstmals erwähnt im Jahr 945 und *Formicaria* (Ameisenhaufen) genannt. Man kann es dem Landesfürsten von Tirol nicht verdenken, dass er den Namen nicht angemessen fand und die Burg 1470 in Schloss Sigmundskron umbenannte. Sigmundskron nimmt in den Herzen der Südtirolerinnen und Südtiroler einen besonderen Platz ein. 1957 fand hier die größte jemals dagewesene politische Kundgebung der Südtiroler Geschichte statt. Rund 35.000 Menschen versammelten sich, um eine Auto-

„EVA SCHLÄFT“
Francesca Melandris Roman, den die Kritik einhellig als Meisterwerk feierte, verarbeitet die Ereignisse rund um Schloss Sigmundskron 1957 literarisch.

nomie für die Provinz Südtirol zu fordern. Die friedliche Kundgebung gipfelte in Silvius Magnagos Ruf „Los von Trient!“, der in der kollektiven Erinnerung bis heute nachhallt.

Reinhold Messner ist es gewöhnt zu polarisieren und das nirgendwo mehr als in seiner Heimat. Seine Idee, die verfallene Burgruine in ein Museum zu verwandeln, stieß nicht überall auf Gegenliebe. Doch Messner setzte seine Vision mit der für ihn typischen Hartnäckigkeit um. Motto: Kuratieren statt Klettern. Mit Hilfe des Vinschger Architekten Werner Tscholl ist das waghalsige Unterfangen geglückt. Die der Burgruine hinzugefügten architektonischen Elemente halten sich dezent im Hintergrund und dienen weniger als Blickfang denn als Kulisse. Tscholl verwendete ausschließlich Glas, Eisen und Stahl – Werkstoffe, die sich von den alten Mauern abheben, aber nicht mit ihnen konkurrieren.

Die Ausstellung thematisiert, was Messner als Auseinandersetzung Mensch-Berg zusammenfasst. Ein Parcours führt durch die weitläufige Anlage – über Wege, Treppen und Türme. Am Ende des Rundgangs werden Sie ähnlich viele Höhenmeter zurückgelegt haben wie nach einer kleinen Bergwanderung. Die großzügig verteilten Sitzgelegenheiten und die Burgschenke waren uns Ermatteten mehr als willkommen.

Im MMM Firmian lässt sich einiges lernen – über die Entstehung der Berge, ihre religiös-spirituelle Bedeutung, die Geschichte des Bergsteigens bis hin zum alpinen Tourismus unserer Tage. Die Ausstellung dokumentiert außerdem die Geschichte der Burg und des Landes Südtirol. Das Konzept ist stimmig und anregend, geht über ein rein museales aber weit hinaus. Der von Messner verwendete Ausdruck Erlebnisraum ist treffend, verweben sich doch Geschichte und Geschichten mit Emotionen und Gedankenanstößen zu etwas unmittelbar Erlebbarem. Irgendwo zwischen Natur und Kultur werden die Berge greifbar. Selbst wenn man im ganzen Leben noch nie einen Berg erklommen hat, fällt es schwer, sich der Faszination zu entziehen. Intensivieren lässt sich diese

Erfahrung bei den Gesprächen am Feuer, zu denen der Hausherr jeden August einlädt. Mit der einsetzenden Dämmerung erzählt Messner, der sich stets auch als Geschichtenerzähler versteht, aus seinem Leben und beantwortet Fragen.

Messner Mountain Museum Firmian: Sigmundskroner Str. 53, www.messner-mountain-museum.it; ab Bahnhof Bozen Buslinie 132, dann 10 Min. zu Fuß, ab Bahnhof Sigmundskron 25 Min. zu Fuß

28

Im Treibhaus der Fantasie

GÄRTNEREI SCHULLIAN

Es gibt sie, diese Orte, die etwas versprechen und dann trotzdem mit etwas völlig Unerwartetem überraschen. Die Gärtnerei Schullian ist ein Überraschungsort par excellence. Nicht nur für Menschen mit grünen Daumen.

Man kann, muss aber nicht wegen der zahllosen Pflanzen hierherkommen. 150 unterschiedliche Gewürzkräuter erschaffen eine beispiellose aromatische Duftkulisse. Über 50 Sorten Tomatenstauden warten darauf, entdeckt zu werden. Sie hören auf so suggestive Namen wie „Green Zebra", „Banana Legs" und „Grüner Tiger". Und wer davon träumt, eine Erdmandel oder Bergartischocke im Garten zu haben, noch dazu in Bioqualität, betritt ein Paradies. Martina Schullian ist Gärtnerin und noch viel mehr. Nach der Lehre studierte sie Kunstgeschichte in Wien. Ihre Entscheidung, die elterliche Traditionsgärtnerei zu übernehmen, knüpfte sie an eine Bedingung: sie würde eigene Wege gehen. Vater Franz konnte mit Martinas Leidenschaft für Kultur, Kunst und Bücher zwar wenig anfangen, aber er stimmte zu.

Die knapp sechs Meter hohe, vom Künstler Paul Thuile entworfene knallrote Riesengießkanne auf dem Parkplatz stimmt darauf ein, dass es an diesem grünen Ort um mehr geht als ums

Düngen, Unkrautjäten und Umtopfen. Hier gedeiht Fantasie neben Originalität, umrankt von expressiver, aber unaufdringlicher Kreativität. Die vom Künstler Manfred Alois Mayr aus Hunderten PET-Flaschen geschaffenen „Kronleuchter" haben zwar nichts mit Pflanzen zu tun, inspirieren aber ungemein, ähnlich wie die Paolo-Venini-Lüster aus Murano-Glas aus den 1960er-Jahren ein Glashaus weiter. Fast tun einem die Blumen, Stauden und Bäumchen leid, laufen sie doch Gefahr, dass ihnen Martinas Fundstücke aus fernen Ländern in Sachen Buntheit und Verheißung zuweilen den Rang ablaufen. Sizilianische Keramiktöpfe leuchten neben portugiesischen und dänischen Pflanzgefäßen und machen die Wahl zur Qual.

GLASHAUS III
Genau an der Stelle, wo Vater Franz und Mutter Christine den Betrieb aufbauten, wird heute charmant inszeniert die Geschichte des Gartenbaus in Südtirol erzählt, inklusive einer Sammlung alter Gartengeräte.

Martina Schullian selbst ist beinahe immer da und häufig auch schnell wieder weg, meistens mit abgezupften Blättern in den Händen. Sie pflanzt, putzt, gießt, verpackt, kassiert. Wichtiger noch, sie kennt die geheimen Pflanzenwünsche ihrer Kundinnen und Kunden. Einige pilgern von weit her. Denn sie wissen, dass an diesem Ort nicht nur die Ästhetik Wurzeln schlägt, sondern auch Trends gedeihen. Der *Touch of Schullian* wird den eigenen Garten, die Terrasse oder den Balkon unverwechselbar machen. Keine Südtiroler Traditionsgärtnerei wäre komplett ohne die „brennende Liab". Martina Schullian zollt der auf Südtirols Balkonen omnipräsenten Geranie liebevollen Respekt und züchtet Dutzende Sorten. Wem der Sinn mehr nach Mediterranem steht, sei ein Spaziergang zu den Zitruspflanzen empfohlen. Große und kleine mit Zitronen, Mandarinen, Orangen und Grapefruits behangene Bäume stehen Spalier und wachsen miteinander um die Wette.

Die Gärtnerei schafft auch Wachstum ganz besonderer Art. Martina unterstützt junge Menschen, die in schwierige Situationen geraten sind, bietet ihnen Praktika und Lehrstellen an. Die Erde heilt, davon ist sie überzeugt. Außerdem war Martina maßgeblich am Aufbau des *dormizil* beteiligt, einem Bozner Nacht-

quartier für Obdachlose. Am Krankenhaus Bozen initiierte sie den *Giardino MoMente*, einen sensorischen Garten für die Patientinnen und Patienten der Abteilungen Psychiatrie und Palliativmedizin, deren Angehörige und das Personal. Ach ja, Lesungen, Theateraufführungen und Ausstellungen finden auch statt bei Schullian. Weil Kultur und Kunst schließlich ebenfalls zarte Pflänzchen sind, die gehegt und gepflegt werden wollen.

INFOS	**Gärtnerei Schullian:** Meraner Straße 75A, www.schullian.it

29

Nichts wie hin auf den Zauberberg

KOHLERN

Bozen besticht mit trubeliger Lebendigkeit. Sollten Sie zwischendurch Wälder, Wiesen und Abgeschiedenheit suchen, gibt es nichts Besseres als einen Ausflug nach Kohlern.

Der Bergbuckel im Südosten Bozens ist nur einen Katzensprung von der lauten Stadt entfernt. Mit der Seilschwebebahn an der Bergstation angekommen, dürfen Sie tief durchatmen und das Bozner Häusergewirr getrost von oben betrachten. Herkommen sollten Sie der Bergkulisse wegen, die Kohlern einrahmt und ihresgleichen sucht. Genießen Sie die Ruhe und den verstaubten Charme des einstigen Sommerfrischereviers. Im schütteren Wald verstecken sich vereinzelte Ferienhäuschen. Die Tennisplätze werden nicht mehr genutzt und der einst zum Schwimmbad umfunktionierte Weiher wuchert langsam wieder zu. Der Aussichtsturm ist aus Sicherheitsgründen nicht begehbar. Dass es hier oben so unspektakulär zugeht, macht den Reiz aus.

Der Zauberberg Kohlern hat jedoch immerhin einen Weltrekord zu bieten. Den verdanken wir dem Unternehmer Josef Staffler. Er stammte aus Wörgl in Österreich und leitete nach seiner Übersiedelung nach Bozen mit großem unternehmerischem Erfolg die Bahnhofsgaststätte. Irgendwann beschloss er, Kohlern

HOTEL GASTHOF KOHLERN
Der traditionsreiche Gasthof heißt Tagesgäste willkommen, ist Mitglied im Verbund „Südtiroler Gasthaus“ und tischt einheimische Spezialitäten auf.

in ein Sommerfrischeparadies zu verwandeln. Vermutlich hatte er neidvoll zum Ritten hinübergeschaut. Dort waren nach dem Bau der Zahnradbahn Hotels und Gasthöfe entstanden, internationale Gäste reisten in Scharen an und konkurrierten mit betuchten Boznern um die besten Sonnenplätze. Staffler wollte aus Kohlern einen ähnlich mondänen Ferienort machen. Die im Jahr 1908 erbaute Seilbahn war die erste für den Personentransport offiziell zugelassene Seilbahn weltweit. Das blieb nicht ohne Folgen. In den ersten zwei Jahren transportierte sie über 100.000 Fahrgäste.

Was vielversprechend begann, entwickelte sich doch ganz anders. Der Ausbruch des Ersten Weltkrieges brachte den Bergtourismus ins Stocken und auch nach dem Krieg blieben die Zeiten wirtschaftlich schwierig. Staffler und seinen Erben gelang es nicht, an die Anfangserfolge anzuknüpfen. Im Zweiten Weltkrieg wurde die Bahn bombardiert und zerstört, Kohlern fiel in einen Dornröschenschlaf. Erst etliche Jahrzehnte später gelang der Wiederaufbau. An den Tourismuspionier Staffler erinnert eine Büste neben der Bergstation. Ein eingezäunter Nachbau der antiken Seilbahnkabinen bietet sich für ein nostalgisches Erinnerungsfoto an. Kaum vorstellbar, dass die ersten Fahrgäste in dieser wackeligen, windumtosten Kiste eine Fahrt von fast 800 Höhenmeter riskierten!

Möglicherweise begegnen Sie in der Seilbahnkabine Wanderern mit dicken Rucksäcken. Kohlern liegt am E5, dem Weitwanderweg Bodensee–Adria. Uns genügt ein gemütlicher Spaziergang zum Gasthaus Kohlern, das wir in wenigen Minuten erreichen. Hier mischen sich die Eleganz der Gründerzeit und gelungene zeitgenössische Architektur. Der Logenplatz befindet sich auf der Terrasse. Neben der umwerfenden Fernsicht genießen wir die frische Bergluft auf 1.150 Metern und einen hervorragenden Apfelstrudel.

INFOS

Kohlern ist auf einer schmalen, kurvigen Straße erreichbar, angenehmer und günstiger geht's mit der Seilbahn, die Teil des Verkehrsverbunds Südtirol ist und für Inhaber des *Südtirol Guest Pass* sogar kostenlos. Zur Talstation fahren die Stadtbusse 1, 6 und 9 (werktags) sowie 14 (sonn- und feiertags)

Hotel Gasthof Kohlern: Kohlern 11, Tel. 0471 329978, www.kohlern.com

30

Südtiroler Lebensgefühl *at its best*

WEINGUT PFANNENSTIELHOF

Veronika Pfeifer ist die erste weibliche Nachfolgerin des Pfannenstielhofs. Mit ihr steht der alte Erbhof in der achten Generation. Eine eigene „Torggl" besaß der Hof schon im Jahr 1561.

Der Weg durch das Gewerbegebiet lässt nicht ahnen, dass um die Ecke ein Rebenparadies wartet. Wir passieren eine Bahnunterführung und stehen plötzlich mitten im Grünen. Alles sieht ungeheuer romantisch aus, doch das ist es nicht. Im Januar bei eiskaltem Wind bis zum Anbruch der Dunkelheit mit klammen Fingern Reben schneiden verlangt Heldinnenmut und sonst gar nichts.

Veronika ist auf dem Weingut aufgewachsen, lernte früh Traktor fahren und Maische umpumpen. Landwirtschaft mache große Mühe, gibt sie unumwunden zu. Doch wenn die Leidenschaft mit einem durchgehe, sei das am Ende herzlich egal. Veronika ist Jahrgang 1999, lebt und liebt Wein. Sie ist trotzdem froh, dass die Eltern Margareth und Johannes keinen Druck in Sachen Nachfolge ausübten. Ihre ältere Schwester Anna entschied sich fürs Studium der Bio- und Lebensmitteltechnologie. Veronika hat sich, bestens qualifiziert nach Weinbaustudium und Stationen auf

Weingütern im In- und Ausland, dem Pfannenstielhof angenommen. Sie seien nach wie vor ein Familienbetrieb, bemerkt sie bescheiden und selbstbewusst zugleich. Ohne die anderen ginge es nicht.

Die Latte hängt hoch. Vater Johannes ist in Südtirols Weinwelt alles andere als ein Unbekannter. Der Pfannenstielhof begnügt sich zwar mit einer Produktion von 45.000 Flaschen pro Jahr, doch die ernten haufenweise Auszeichnungen. Als studierte Mathematikerin ist Mutter Margareth fürs Managen, Planen und Organisieren zuständig. Sie liebt den direkten Kundenkontakt. Die „Pfannenstieler" verstehen ihren Hof als Ort der Begegnung und des Austausches.

MOZZARELLA ODER SKYR?
Im nahen Ab-Werk-Verkauf der Mila, einer Genossenschaft von 2.200 Milchbauern, gibt's Milchprodukte und noch mehr. Im Bistro treffen sich die Locals bei einem Glas St. Magdalener oder zum Business Lunch.

Welchen Weinen möchten Sie begegnen? Eigentlich ist es ganz einfach. Hier wachsen nur rote Rebsorten, genauer gesagt zwei: Vernatsch und Lagrein. Die sind beide in Südtirol beheimatet, sprich autochthon, und ziehen sich als buchstäblich roter Faden durch die Pfannenstiel'sche Winzeridentität. Die Bedingungen sind ideal. Das Hofgebäude markiert die Trennung zwischen zwei komplett unterschiedlichen Bodentypen: Auf den Moränenschuttböden Richtung Rittner Berg fühlt sich der Vernatsch wohl wie sonst nirgends; der Lagrein mag den Schwemmlandboden Richtung Kohlern lieber (danke, Eisack!). Warme Sonnentage und kühle Nächte sorgen für frisch-fruchtige Aromen, kühle Winde halten die Trauben gesund.

Die sechs Weine haben trotz ihrer Unterschiedlichkeit eines gemeinsam: den puren Ausdruck des Südtiroler Lebensgefühls. Tradition und Zeitgeist, Ruhe und Beschwingtheit, Bodenständigkeit und Raffinesse gehen eine unnachahmliche Symbiose ein. Der „St. Magdalener Classico" leuchtet rubinrot und bereitet mit seiner milden Säure und samtigen Tannin großartiges Trinkvergnügen. „Annver" und „Der Pfannenstiel." (der Punkt ist kein Tippfehler!) sind ebenfalls St. Magdalener, die die Pfeifers länger haben reifen lassen. Sie wollen dem oftmals unterschätzten Wein die Wertschätzung zuteilwerden lassen, die er verdient.

Der Rosé wird zu 100 Prozent aus Lagrein gekeltert. Er funkelt lebhaft im Glas, duftet zart nach roten Beeren und hat größere Power, als man ihm auf den ersten Blick zutraut. Der „Lagrein vom Boden" ist fein und elegant, der „Lagrein Riserva" kommt nach 24 Monaten im kleinen Eichenholzfass kraftvoll-muskulös und trotzdem unnachahmlich geschmeidig daher. Wir mussten beim Verkosten an einen Panther denken.

Pfannenstielhof: Pfannenstielweg 9, www.pfannenstielhof.it, Führungen und geführte Verkostungen auf Voranmeldung. Stadtbus 1 ab Waltherplatz

Mila Shop & Bistro: Innsbrucker Str. 41, www.mila.it/shop-bistro/. Stadtbus 183 ab Busbahnhof

31

Lustwandeln zwischen Zypressen und Zedern

ST. MAGDALENA UND OSWALDPROMENADE

Es fällt nicht schwer, angesichts der grandiosen Kulturlandschaft rund um das Dörfchen St. Magdalena in Verzückung zu geraten. Nur einen Steinwurf von der Stadt entfernt, wogen Reben die Hügel rauf und runter, soweit das Auge reicht.

Dazwischen stehen uralte Weinhöfe. Bozner Wein besitzt seit mehr als 1.000 Jahren Kultstatus. Süddeutsche Klöster und Adelige rissen sich bereits im frühen Mittelalter um den Erwerb von „Potzner" Weingütern. Begehrt ist der Bozner Wein immer noch, auch wenn er lang schon auf den Namen St. Magdalener hört. Der Name könnte treffender nicht sein. Die heilige Magdalena ist Patronin der Weinbauern und -händler und genießt auch anderswo Celebrity-Status, beispielsweise im Burgund.

Der St. Magdalener ist ein waschechter Bozner und nordöstlich der Stadt beheimatet. Und er ist immer ein Rotwein! Seit einem Jahrhundert wacht ein Schutzkonsortium streng über seine Qualität. Die Reben des „St. Magdalener Klassisch" wachsen auf den Hügel- und Steillagen um den Weiler St. Magdalena, in St. Justina, Rentsch, Leitach und St. Peter – und sonst nirgends.

Der Star eines St. Magdalener ist immer die Vernatschtraube. Sie ist eine der ältesten in Südtirol beheimateten Rebsorten und lässt sich auch gerne als autochthon bezeichnen. Am liebsten wächst sie auf traditionellen Pergeln. Die bestehen aus senkrechten Säulen, die mit schräg angebrachten Lattenhölzern verbunden sind. Die Trauben wachsen sozusagen überdacht. Das sieht nicht bloß ungeheuer malerisch aus, sondern bewahrt die Trauben vor Sonnenbrand. Wer jetzt meint, dass ein traditionsversessener Wein wie der St. Magdalener alt und verstaubt ist, liegt daneben. Gut gemachte St. Magdalener sind frisch, leicht, elegant und zugänglich. Damit liegen sie exakt auf der Höhe der Zeit. Auf den Südtiroler Weinmessen herrscht stets Gedränge, wenn der trendige St. Magdalener aufgeschenkt wird. Ein hervorragender Speisenbegleiter ist er sowieso. Probieren Sie ihn mal zu einem Fischgericht, Sie werden staunen! Egal ob solo oder zum Essen: am besten schmeckt der St. Magdalener leicht gekühlt.

MAGDALENER VERKOSTEN
Die herrlich gelegenen, uralten Weinhöfe können Sie auch besuchen und vor Ort einen St. Magdalener verkosten.

Im St. Magdalener ist nicht nur Vernatsch drin. Er entsteht erst durch den berühmten Schuss Lagrein, der als autochthone Rebsorte ebenfalls sinnbildlich für Südtirol steht. Jede Weinbäuerin und jeder Weinbauer besitzen ein eigenes Geheimrezept, wie viel von den maximal 15 Prozent zugelassenem Lagrein es denn sein dürfen. Jedenfalls verleiht der Lagrein dem frisch-fruchtigen Vernatsch eine Tiefe und Vollmundigkeit, auf die reine Vernatschweine zu Recht neidisch sind.

Die Oswaldpromenade verbindet St. Magdalena mit St. Peter und ist wie geschaffen für einen Spaziergang durchs Weinbergparadies. Bereits im Januar zaubert der Winterjasmin gelb blühende Vorhänge über die Böschungen am Wegesrand. Während die Menschen im Pustertal noch mit den Zähnen klappern, bricht hier der Frühling an – umgeben von immergrünen Zypressen, Zedern und submediterranen Sträuchern und Blumen. Glyzinien bilden intensiv duftende, violett und weiß blühende Arkaden.

Die Parkbänke entlang der Promenade eignen sich wunderbar für ein Picknick bei lauem Frühlingswetter. Im Hochsommer

kann es dagegen schnell mal zu heiß werden. Paradiesisch schön liegt das Kirchlein St. Magdalena in Prazöll zwischen zwei Weinbergen. Im Inneren sind wertvolle Fresken aus dem 14. Jahrhundert zu sehen. Ein Bilderzyklus erzählt in sage und schreibe zehn Bildern das bewegte Leben der Heiligen Magdalena. Es kommen darin auch einige mit Rotwein gefüllte Gläser vor.

INFOS

St. Magdalener: Infos zu den Produzenten, Verkostungen, Direktverkauf unter www.magdalener.com

St. Magdalena in Prazöll: Untermagdalena, ab Talstation der Rittner Seilbahn ca. 20 Minuten Fußweg bergauf

Oswaldpromenade: Startet oberhalb von St. Magdalena beim Hotel Eberle, endet in der St.-Anton-Straße 1 nahe der Wassermauerpromenade an der Talfer.

32

Der Stadt entschweben

RITTEN

„Die Hitze der Stadt ist im Sommer brutal, da man fürchterlich matt ist, wird das Leben zur Qual.“ Rainhard Fendrich muss beim Schreiben seines Songs Bozen vor Augen gehabt haben. Im Sommer staut sich die Gluthitze im Talkessel, kein Lüftchen erbarmt sich.

Zum Glück gehört es zu Bozens großen Stärken, dass man schnell draußen ist. Der Weg ins Kühle ist ein kurzer. In 20 bis 30 Autominuten erreicht man die Lärchenwiesen oberhalb von Jenesien, mit dem Linienbus dauert es nur unwesentlich länger. Der Wald löst den Asphalt ab und der Höhenunterschied sorgt für den Sprung in eine andere Jahreszeit. Wenn es Ende April in Bozen schon üppig grünt und wohlig warm ist, kann man sich im Handumdrehen zwischen blühende Krokusse und Schneereste beamen. Und wenn im Juli unten die Luft steht, ist es oben wunderbar frisch.

Die sommerliche Chance auf Frischluft nutzten wohlhabende Bozner Familien schon vor Hunderten von Jahren. Mit Sack und Pack, Kind und Kegel zogen sie für ein paar Monate auf die rund 1.200 Meter hohen Mittelgebirgsterrassen. Ein Sommerfrischedomizil in Oberbozen zählte zu den acht „Bozner Seligkeiten“, der Must-Have-Liste für männliche Vertreter der besseren Bozner Gesellschaft. In Oberbozen wimmelt es von historischen

Ferienhäusern. Sie unterscheiden sich optisch überdeutlich von den Bauernhöfen, zumal Stadel und Stall fehlen. Es sind stattliche gemauerte, aber nicht winterfeste Steinhäuser, mit weiß-roten oder weiß-grünen Fensterläden. Flankiert von alten Bäumen auf parkähnlichen Wiesen, besitzen manche gar den Bonus einer Hauskapelle oder eines Gartenpavillons, „Gloriette" genannt.

Ursprünglich vollzog die Bozner Gutbürgerlichkeit den Wohnortwechsel auf Zeit mit Ochsenfuhrwerken. Ab 1907 erklomm eine elektrisch betriebene Schmalspurbahn den Ritten. Eine Zahnradlok bewältigte tapfer den steilen Anstieg. In den 1960er-Jahren wurde sie durch eine Seilschwebebahn ersetzt. Die pittoreske Flachstrecke zwischen Maria Himmelfahrt, Oberbozen und Klobenstein ist erhalten geblieben. Auf ihr verkehrt weiterhin die bei Gästen und Kindern beliebte, auch von Berufspendlern geschätzte Schmalspurbahn. Sie verleiht der Umgebung rund um den Weiler Maria Himmelfahrt den Charme einer Modelleisenbahnlandschaft. Die Silhouette der Dolomiten wirkt von hier aus besonders adrett positioniert. Der Kitsch entfaltet sich ungehemmt und in seiner ganzen Ambivalenz. Einerseits sträubt sich in uns alles gegen so viel akkurat gepflegte Idylle, andererseits können wir uns ihrem nostalgischen Zauber und verklärenden Kindheitserinnerungen nur schwer entziehen.

Seit den 1970er-Jahren erschließt eine breite Panoramastraße die Dörfer des Ritten, doch die Seilbahn als effizientes Nahverkehrsmittel ist erhalten geblieben und verkehrt heute als moderne Umlaufbahn im Vierminutentakt. Zum Glück! Aus der Gondel schweift der Blick über Bozen die Rebhänge von St. Magdalena hinab nach Süden ins breite, fruchtbare Etschtal und ergötzt sich nach Osten hin am Rosengarten, der wie eine Kulisse den Horizont begrenzt. Das ist ganzjährig ein grandioses Erlebnis (und der umständlicheren Anfahrt mit dem Auto unbedingt vorzuziehen!).

FREUDSCHE FREUDEN

Zwischen Klobenstein und Oberbozen verläuft in memoriam eines prominenten Ritten-Gasts die Sigmund-Freud-Promenade: „Hier ist es göttlich schön und behaglich. Ich habe eine unerschöpfliche Lust zum Nichtstun in mir entdeckt", schrieb Freud an den Kollegen Jung.

Wenn Sie die Bergstation verlassen, können Sie links nach Maria Himmelfahrt spazieren oder rechts in die Schmalspurbahn steigen. Sie bringt Sie vorbei an Miniaturbahnhöfen mit klangvollen Namen wie Wolfsgruben, Lichtenstern und Rappersbichl. In Klobenstein wartet das stilechte Bahnhofscafé. Von dort führt ein Spaziergang zu einem höchst sehenswerten Naturdenkmal, den sogenannten Erdpyramiden.

Raus und rauf nach Jenesien: Bus 156, an der Endstelle auf Bus 157 umsteigen bis Gasthof Tomanegger oder Schermoos

Raus und rauf auf den Ritten: Seilbahn Ritten mit Talstation in der Nähe des Bahnhofs Bozen, die Schmalspurbahn verkehrt im Halbstundentakt

Fahrpläne: www.suedtirolmobil.info

Café am Bahnhof: Am Bahnhof 1, Klobenstein

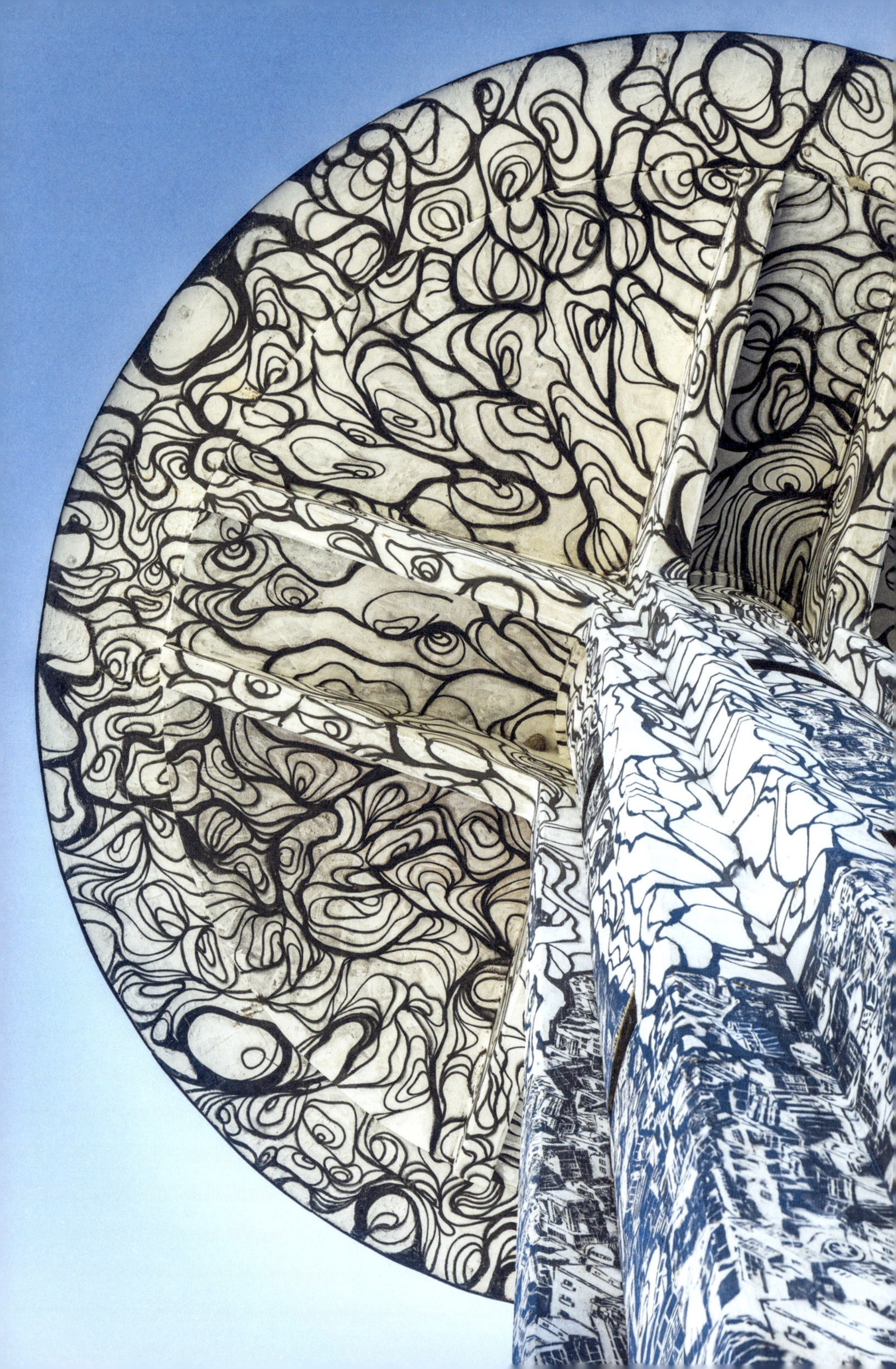

33

Noigierig auf die Zukunft?

NOI TECHPARK

Südtirol kann nicht nur Tradition, Südtirol kann auch Zukunft. Auf dem Campus des NOI Techparks rauchen die Köpfe. Da Kreativität und Innovation ohne Muße nicht überlebensfähig sind, lässt es sich hier auch wunderbar chillen.

Die ehemalige Aluminiumfabrik Alumix im Süden Bozens ist ein elegant-formschönes Monument. Im Stil des italienischen *Razionalismo* der 1930er-Jahre erbaut, legen die gigantischen Transformatorenhäuser mit ihren markanten Fensterfronten Zeugnis ab von einer Zeit, die sich im Aufbruch befand und bedingungslos an den Fortschritt glaubte. Ein bisschen beneiden wir die Menschen, die hier einst so unbeirrbar optimistisch an der Zukunft bastelten. Aber nur solange wir nicht an die Schmelzöfen denken, vor denen sich damals Hunderte Arbeiter bei mörderischen Temperaturen abrackerten. Das Bozner Werk produzierte immerhin zwei Drittel des italienischen Aluminiumbedarfs. Da durfte man nicht zimperlich sein.

In Südtirols Zukunftsfabrik rauchen keine Schmelzöfen mehr, aber dafür Köpfe. Die klaren Linien und ausgewogenen Proportionen der übriggebliebenen Gebäude beherbergen heute wieder den Fortschritt und das Versprechen einer besseren Zukunft. Die Welt drängt mit Fragen, auch im idyllischen Südtirol. Wie sehen die Lebensmittel der Zukunft aus, wie schaffen wir die Energiewende, auf welche Weise können nachhaltige Gebäude und Stadtviertel entstehen? Der NOI Techpark steht für „Nature of Innovation" und nennt sich selbstbewusst Südtirols Innovationsviertel. Etwa 1.100 Köpfe arbeiten hier, bevorzugt im Netzwerk: Start-ups, Unternehmen, Forschende, Kreative und Studierende. Gemeinsam füllen sie Wörter wie Innovation und Nachhaltigkeit, die anderswo zu oft zu marketingtauglichen Schlagwörtern bar jeder Substanz gerinnen, mit Leben. Das NOI arbeitet am Puls der Zeit. Südtirol soll eine smarte grüne Region werden. Wann damit beginnen, wenn nicht jetzt?

CLIMB INDOOR, FEEL OUTDOOR

Der nahegelegene Salewa Cube ist die größte Kletterhalle Italiens. Hier finden sich jede Menge physische und mentale Herausforderungen und ein Sportartikel-Outlet.

Wenn wir in der Gegend zu tun haben, essen wir mittags gerne eine Kleinigkeit in der Noisteria. Das Restaurant mit Café fügt sich lässig in die historische Architektur ein. Es gibt Carne salada, Poke Bowls und Kürbisrisotto und Campus-Feeling obendrein. Wer die Ohren spitzt, hört auch mal andere Sprachen als deutsch, italienisch und ladinisch. An diesem Ort, der fern ist vom rustikal geprägten Südtirolklischee, fließt Energie. Sollte Ihnen danach sein, diese noch ein wenig intensiver auf sich wirken zu lassen, sei Ihnen in der warmen Jahreszeit ein Dahinfläzen in einem der über den Innenhof verstreuten Liegestühle empfohlen. Der Blick schweift über den mit Graffitis aufgemotzten historischen Wasserturm, die Grünflächen und die vorbeiwuselnden jungen Menschen. Irgendwo zwischen Vergangenheit und Zukunft bleibt er hängen. Den Sonnenschirm gibt es bei Bedarf noch dazu.

Die Zukunftsfabrik ist ästhetisch gesehen großes Kino, clean und stylisch. Das Land Südtirol hat sich nicht lumpen lassen, die öffentliche Hand greift in gut gefüllte Taschen. Die Ausstattung ist durchweg hochwertig und wirkt stellenweise etwas overdressed. Man tut sich schwer, das Unaufgeräumte, Chaotische, scheinbar

Nutzlose zu finden, das für die viel gepriesene Kreativität unabdingbar ist. Vollendet clean präsentiert sich auch die monumentale Halle, in der einst die Transformatoren standen. Einzig der ockergelbe Brückenkran erinnert an die frühere Nutzung. Die Leere der Halle ist wohltuend und ruft das Gefühl einer angenehmen, unfassbar großzügigen Leere hervor. Es macht Spaß, hier zu stehen und Zukunftsluft zu schnuppern. Sie laboriert und tüftelt in den (Denk-)Werkstätten nebenan, wo 3D-Drucker und -Scanner schnurren.

INFOS

NOI Techpark: Alessandro-Volta-Straße 13A, Bozen, noi.bz.it. Stadtbusse 6 und 111. Die Einfahrt zur gebührenpflichtigen Tiefgarage ist bei Nr. 19.
Noisteria: Alessandro-Volta-Straße 15, Bozen
Salewa Cube: Waltraud-Gebert-Deeg-Straße 4, www.salewa-cube.com

34

Vom Pornokino zum Wissenschaftszentrum

EURAC-GEBÄUDE

Unweit von der Stelle, an der die Flüsse Eisack und Talfer zusammenfließen, steht ein Gebäudekomplex, dessen pompejanisches Rot Sie nicht übersehen können. Wir finden, es besitzt eine geradezu magische Anziehungskraft.

Das Ensemble spiegelt wie kaum ein anderes die Geschichte Bozens in den letzten 100 Jahren wider. Es steht direkt am Wasser, dazwischen liegt nur der Spazier- und Radweg, auf dem immer einiges los ist. Fußläufig von der Altstadt und von der Neustadt erreichbar, bildet das EURAC-Gebäude eine Brücke – zwischen mittelalterlich-habsburgischer und faschistisch geprägter Architektur, zwischen Italienisch und Deutsch, Gestern und Heute.

Das pompejanische Rot sticht schon von weitem ins Auge. Als inszenierte „Italianità" erinnert es nicht zufällig an das Alte Rom, denn das Gebäude erblickte in den 1930er-Jahren das Licht der Welt – auf dem Höhepunkt der faschistischen Diktatur. Errichtet wurde es als Haus der körperlichen und geistigen Ertüchtigung der weiblichen Jugend und gehörte zur GIL (Gioventù Italiana del Littorio).

Das „GIL" wurde nach Kriegsende kurzerhand in „Ex-GIL" umbenannt, lang lebe der italienische Pragmatismus! Das „Ex-Gil" diente unterschiedlichsten Zwecken: als Verwaltungssitz der Caritas, als Autoersatzteilhandel, Buchbinderei, Supermarkt und Tierheim. Das Auditorium beherbergte ein Film- und später ein Pornokino. Bozner Kinder schätzten das Außengelände bis in die 1990er-Jahre hinein als Abenteuerspielplatz. Unter einer breiten Steintreppe sollen lange Zeit eine Frau und ihre Tochter hinter einem selbstgezimmerten Bretterverschlag gehaust haben. Zu diesem Zeitpunkt war das abgeblätterte Rot längst einem neutralen Ockerton gewichen.

Akute Einsturzgefahr sorgte schließlich dafür, dass die kreative Mehrfachnutzung ein Ende nahm. Trotz dramatischer Verwahrlosung, miserabler Bausubstanz und politischer Kontroverse entschied man sich für den Erhalt des Gebäudes. Das pompejanische Rot kehrte zurück. Der international renommierte Architekt Klaus Kada arbeitete mit Glas und Stahl, schuf Lichtkorridore und Brücken zwischen alten und neuen Gebäudeteilen. Den alten Ziegelmauern wurden kantige Stahlträger und gekreuzte Seitenverstrebungen an die Seite gestellt.

Heute besteht bei Architektinnen und Denkmalschützern weitgehend Einigkeit über den ästhetischen Wert und die hohe architektonische Qualität des Bauwerks. Das Gebäude ist typisch für die klare und sachliche Architektur des *Razionalismo*. Solch ein Auditorium werden Sie so schnell nicht wiedersehen: auf nach oben ansteigenden Säulen ruhend, erhebt es sich in elliptischer Form. Die farbliche Gestaltung der Innenräume gestaltete der Vinschger Künstler Manfred Alois Mayr – mit Oxidgrün, Purpurviolett, Moosgelb und Grafit.

ANIMIERENDER ESPRESSO GEFÄLLIG?

Im Café sitzen und ins Grüne schauen? Das können Sie in „The Lab“ im EURAC-Gebäude. Mit so vielen klugen Gedanken im Rücken schmeckt der Espresso gleich nochmal so gut.

Seit 2002 beherbergt das Gebäude das Forschungszentrum EURAC. In elf Instituten und fünf Centern geht es um brandaktuelle Forschungsfelder wie erneuerbare Energien, Migration, Minderheitenrechte, Klimawandel und – Ötzi ist nah – Mumien. Es tummeln sich mehr als 600 Forschende unterschiedlichster disziplinärer und geografischer Herkunft. In der ehemaligen Turnhalle

residiert die Bibliothek und sorgt für eine zeitgemäße Art geistiger Ertüchtigung. Aus dem L-förmigen Zentralgebäude ragt ein weithin sichtbarer Turm in die Höhe. Er besitzt keine praktische Funktion. In seinem Inneren windet sich ein Treppenhaus sechs Stockwerke empor ins Nirgendwo.

INFOS

Eurac research: Drususallee 1, www.eurac.edu

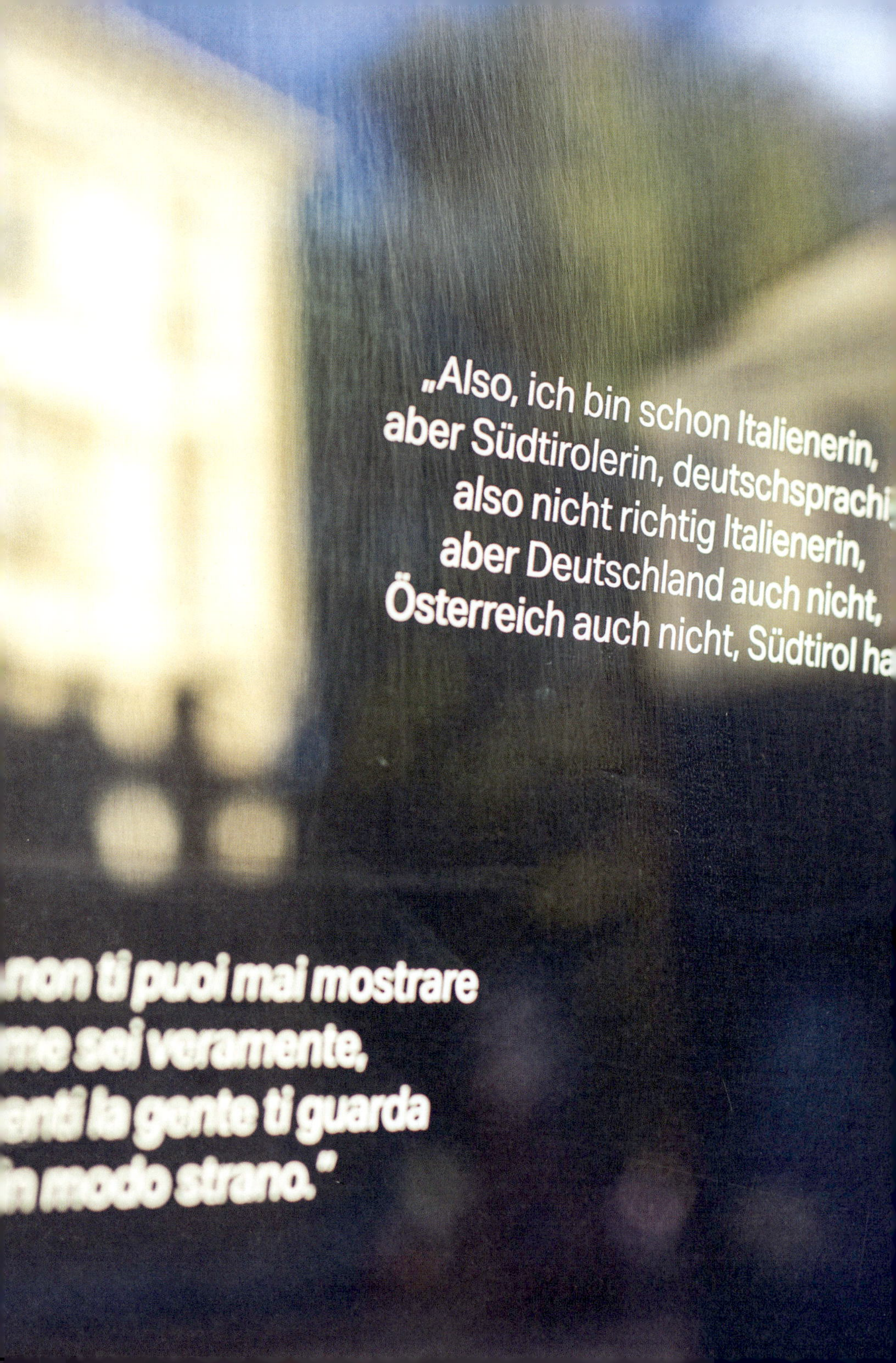

„Also, ich bin schon Italienerin,
aber Südtirolerin, deutschsprachi
also nicht richtig Italienerin,
aber Deutschland auch nicht,
Österreich auch nicht, Südtirol ha

non ti puoi mai mostrare
me sei veramente,
nti la gente ti guarda
in modo strano."

35

Südtirol ist nicht Nordirland

AUTONOMIEAUSSTELLUNG

Südtirol ist nicht nur nördlichste Provinz der Italienischen Republik, sondern auch eine der wenigen autonomen. Es ist ein Ding der Unmöglichkeit, sich in Südtirol aufzuhalten, ohne über den Begriff Autonomie zu stolpern.

Es wird jetzt etwas kompliziert. Aber wir schaffen das, versprochen. Amtlich ausgedrückt befinden wir uns in der Autonomen Provinz Bozen – Südtirol. Diese bildet zusammen mit der Provinz Trient die Autonome Region Trentino-Südtirol. Umgangssprachlich spricht man gerne vom Land Südtirol. Es hat eine lange und wechselvolle Geschichte erlebt. Der heutige Frieden und Wohlstand sind alles andere selbstverständlich, es hätte auch ganz anders kommen können.

Dass die Autonomie den Menschen hier so wichtig ist, kommt nicht von ungefähr. Herumgeschubst zu werden war seit jeher an der Tagesordnung, denn als Brücke zwischen Nord und Süd hat die Gegend immer schon Begehrlichkeiten geweckt. Dort, wo heute Bozen liegt, kreuzten sich einst gleich zwei der wichtigsten Transit- und Handelsrouten Europas: die Brennerstraße und die Via Claudia Augusta. Die Römer bauten erstere zur Verkehrsader aus. Wer schon mal auf der A22 im Stau gestanden ist, weiß, dass diese weiterhin unbeschwert vor sich hin pulsiert.

Armeen, Handlungsreisende, Rompilgernde und die Reisenden unserer Tage – alle sind schon vorbeigekommen, haben etwas mitgebracht oder mitgenommen: Waren, Ideen, Wissen und Kultur – mal ganz abgesehen von zwei Flaschen Lambrusco, dem Kanister Olivenöl und der senfgelben Handtasche aus Siena. Südtirol lag in allen Zeiten mittendrin. Nachdem es als Teil Tirols über Jahrhunderte eng mit dem Haus Habsburg und Österreich verwoben gewesen war, fiel es 1919 an das Königreich Italien. Für die ansässige Bevölkerung war das alles andere als erfreulich, doch es sollte noch schlimmer kommen. In den 1920er-Jahren betrieb der italienische Diktator Benito Mussolini eine systematische Italianisierung. Deutschsprachige erlitten auf vielfältige Weise ethnische Ausgrenzung. Deutsch als Unterrichtssprache in den Schulen wurde verboten, Ortsnamen fielen einer zum Teil grotesken Italianisierung zum Opfer. Wer im öffentlichen Dienst Karriere machen wollte, musste gar den eigenen Namen ändern und sich von Josef in Giovanni verwandeln, von Wenter in Venturini. In Bozen ließ Mussolini Italienerinnen und Italiener aus anderen Provinzen ansiedeln. Das Stadtbild veränderte sich dank der faschistischen Bautätigkeit radikal.

1939 setzten Mussolini und Hitler noch eins obendrauf. Die Menschen in Südtirol hatten sich im Rahmen der „Option" zu entscheiden: für das Auswandern ins Deutsche Reich oder für das Dableiben ohne Minderheitenschutz. Rund 85 Prozent der deutsch- und ladinischsprachigen Bevölkerung entschloss sich für die Auswanderung, rund ein Drittel davon verließ bis zur deutschen Besetzung Norditaliens 1943 tatsächlich Südtirol. Den Einmarsch der Wehrmacht empfanden viele Deutschsprachige als Befreiung. Die italienischsprachige Bevölkerung hingegen fühlte sich plötzlich als Minderheit.

Auch nach Kriegsende blieb es kompliziert. Die Alliierten hielten an der Brennergrenze fest, eine Rückkehr Südtirols zu Österreich würde es nicht geben. Die Außenminister Italiens und Österreichs einigten sich auf ein Abkommen zum Schutz der deutschsprachigen Bevölkerung. Es galten die Schutzbestimmungen auf Ebene der Region Trentino-Südtirol, in der die Italiener allerdings eine deutliche Mehrheit hatten. Die folgenden Jahrzehnte waren von zähen Verhandlungen der Konfliktparteien begleitet – und von terroristischen Anschlägen. In der „Feuernacht" im Jahr 1961 explodierten an rund 40 Strommasten Sprengsätze. Die „Bombenjahre" machten international Furore und ließen nicht wenige eine langwierige Auseinandersetzung ähnlich dem gewaltreichen Nordirlandkonflikt befürchten. Das „Südtirol-Problem" wurde sogar vor der UNO verhandelt.

Nach und nach setzte sich bei allen Beteiligten die Überzeugung durch, dass sich der Minderheitenkonflikt nur durch die Gewährung einer weitreichenden Autonomie lösen lassen würde. Mit Hilfe der Autonomiestatute gelang es, in Südtirol dauerhaften Frieden zu etablieren. Die Gleichberechtigung und der Schutz aller drei Sprachgruppen wurden festgeschrieben. Südtirols legislative und administrative Zuständigkeiten reichen über diejenigen einer italienischen Region mit Normalstatut weit hinaus. 90 Prozent der Steuereinnahmen bleiben im Land. Die Südtirol-Autonomie wird heute international als nachahmenswertes Lösungsmodell und gelungenes Friedensprojekt bewertet.

MENGENLEHRE

Südtirolweit stellt die deutsche Sprachgruppe mit knapp 70 Prozent den größten Bevölkerungsanteil. 26 Prozent bezeichnen sich als italienischsprachig. In Bozen verhält es sich plus/minus umgekehrt. Vier Prozent sind in Südtirol ladinischsprachig.

Der Ausstellungsparcours zur Südtiroler Autonomie vor dem Gebäude des Landtags unweit des Bahnhofs wirft in neun Stationen einen umfassenden Blick auf die Autonomie, ihre Geschichte und die nach wie vor bestehenden Herausforderungen. Denn bis heute ist eine echte Mehrsprachigkeit der Südtiroler Bevölkerung eine Utopie, sind die Spannungen zwischen der deutschen und der italienischen Lebenswelt, zwischen Zentralstaat und dem Land Südtirol nicht gänzlich gelöst und treten immer wieder mehr oder weniger offen zutage.

INFOS

Dauerausstellung „Wir und die Autonomie":
Silvius-Magnago-Platz, www.autonomiae.bz.it/de/

36

Lässige Durchlässigkeit

PARKHOTEL LAURIN

Die Atmosphäre des Laurin lässt niemanden kalt. Vielleicht liegt es daran, dass das Grandhotel seinen Gästen für kurze Zeit die Illusion schenkt, etwas von seiner Eleganz färbe auf einen selbst ab?

Einhundert in den Gehsteig eingelassene Bronzetaler mit vielsprachigen Begriffen begrüßen die Gäste von nah und fern. „Passion", „Sensualità", „Et Puis?" sind Verheißungen, die den Gang die Treppe hinauf leichten Schrittes beschleunigen. Das Laurin hat Flair. Unter waschechten Locals erntet die beiläufige Erwähnung eines dort stattfindenden Geschäftstermins beifällig hochgezogene Augenbrauen. Das Laurin ist seit mehr als 100 Jahren Bozens Salon. Wer hier tagt, flirtet oder diniert, gehört dazu. Wir befinden uns am Hotspot der Südtiroler Hautevolee. Das Schönste daran ist jedoch, dass sich hier alle wie zuhause fühlen dürfen. Das Laurin hat Stil, ist exklusiv, aber niemals ausgrenzend. Seine elegante Sinnlichkeit ist gewachsen und macht das altehrwürdige Hotel aus der Gründerzeit zum Gegenteil von bloßem Schein und schnöder Kulisse.

In der Laurin-Bar (mit angrenzender Smokers' Lounge!) pulsiert das Stadtleben, Einheimische treffen auf Reisende aus aller

Welt. Schauspieler und Musikerinnen auf Gastspiel steigen hier ab, Eilige trinken den Espresso an der Theke. Wer Zeit hat, lässt sich in den Ledersesseln nieder. An sonnigen Tagen sind auch die Plätze draußen mit Blick ins Grüne gut besetzt. Abends spielt drinnen gerne die Musik: *All That Jazz!* und *Live Piano Music* sind feste Größen im Bozner Kulturleben. Der Genuss kommt niemals zu kurz, aufmerksame Barkeeper erfüllen mit sichtlichem Vergnügen ausgefallene Cocktail-Wünsche. Kult ist der donnerstägliche *Aperitivo Lungo* im Sommer. Der findet draußen im Park unter Bäumen in der *Summer Lounge Bar* statt, befeuert von DJ-Musik und Häppchen, die der Bezeichnung Delikatessen alle Ehre machen. Die Köche des Laurin wandern im Sommer ebenfalls hinaus und bauen unter der legendären Laurin-Zeder ihre Küche auf.

LAURINS KAPITULATION
Das grotesk-ironische Fresko der Laurinsage von 1911 umspannt die gesamte Bar. Es erzählt die Sage der Entführung Prinzessin Simildes und ihrer Befreiung.

Auch sonst ist der Hotelpark immer einen Besuch wert. Mitten im dicht verbauten Bozner Stadtzentrum eine Oase des Grüns vorzufinden, deren Zedern und Mammutbäume die umliegenden Dächer mühelos überragen, grenzt an eine Sinnestäuschung. Mitte April hüllt sich die Zeder in zartes Gelb – den elegant überbordenden Umhang verdankt sie einer wuchskräftigen Banks-Rose, die weiß, was sie dem eleganten Ambiente schuldig ist. Die verholzten Rosentriebe, die sich wie Tentakel um die Erwählte schlingen, sind ein echtes Spektakel. Dass der kunstsinnige Hotelier Franz Staffler im Garten einige ausgefallene Kunstwerke platziert hat, verstärkt den Eindruck, einen verwunschenen Ort aufgespürt zu haben. Die Goldfische im vor sich hin plätschernden Springbrunnen würden das verschwörerisch blinzelnd bestätigen, wenn sie denn blinzeln könnten. Der türkis blitzende Pool hält sich angesichts von so viel Grandezza beinahe verschämt ein wenig abseits.

Sich nach einem Stadtbummel übers Kopfsteinpflaster auf den im Garten verstreuten Liegestühlen niederzulassen und einen Aperitif kredenzt zu bekommen ist uneingeschränkt zu empfehlen. Schlafen muss man leider irgendwann auch mal. Wer im

Laurin nächtigt, darf dies im Beisein von Kunstwerken tun, die allesamt Originale sind. Über 350 Werke von Künstlern des 20. Jahrhunderts umfasst die über das ganze Haus verstreute „Sammlung Laurin“. Darunter sind ein Kandinsky (Zimmer 215), Kokoschka (213, 312), Rainer (316, 512), Lüpertz (421), Kolo Moser (102) – sie verschönern jeden Tag- und Nachttraum.

DIMENTICATOIO

In der Lobby hängt ein in transparenten Plastiktüten verstautes „Archiv“ mit von Gästen liegengelassenen und „vergessenen“ (*dimenticati*) Gegenständen. Akkurat datiert, verortet („*room 504*“) und klassifiziert („Sorgenfresser“) lässt sich so manches Verlorengegangene bestaunen und bestenfalls wiederfinden.

INFOS

Parkhotel Laurin: Laurinstraße 4, www.laurin.it

37

Ort der nicht verheilten Wunden

BAHNHOFSGEBÄUDE UND BAHNHOFSVORPLATZ

Bahnhöfe sind Durchgangsorte und Drehscheiben. Der Bozner Bahnhof ist da keine Ausnahme. Er erzählt uns auch einiges über Südtirol. Haben Sie die Einschusslöcher am Bahnhofsturm unterhalb der Uhr bemerkt?

472 alliierte Fliegerangriffe machten die Brennerbahn als Nachschublinie zur Front im Süden Italiens zur meist bombardierten Eisenbahnstrecke des Zweiten Weltkriegs. Die Einschusslöcher erinnern uns daran, dass Bahnhof und Gleise einiges gesehen haben. Durch Bozen rollten in Kriegszeiten Personenzüge, in denen Soldaten saßen – und Viehwaggons mit zusammengepferchten Menschen, die die NS-Diktatur in die Vernichtungslager deportierte.

Das in der zweiten Hälfte des 19. Jahrhunderts im Stil des Wiener Neoklassizismus erbaute Bahnhofsgebäude lässt von alledem nichts ahnen. Angesichts der weniger als 20.000 Menschen zählenden Bozner Bevölkerung muss es damals geradezu großstädtisch angemutet haben. Hier durften die Reisenden des neuen Tourismuszeitalters aus-, ein- und umsteigen. Die High Society, Kurgäste und Italienreisende gaben sich in Bozen die Koffer in die Hand.

Bald schon begann in Südtirol das Zeitalter der Diktaturen. Auf den Faschismus folgte der Nationalsozialismus, erst nach 1945 ging es los mit der Demokratie. Die Faschisten demonstrierten ihre Macht gerne architektonisch. Der römische Architekt Alberto Mazzoni ließ den Bahnhofsturm bauen, der stark an den Bahnhof von Helsinki erinnert. Den neoklassizistischen Mittelbau erweiterte er um eine neue, durch acht Halbsäulen gegliederte Fassade. Trotz der politisch motivierten Architektur wird der ästhetische Wert von Mazzonis Architektur für Bozens Stadtbild heute geschätzt.

Eine ungeahnte Bedeutung erhielt der Bahnhof, als viele Südtirolerinnen und Südtiroler im Rahmen der „Option" ihre Heimat verließen. Sie werden gleich sehen, dass Südtirols Geschichte nicht ohne den großzügigen Gebrauch von Anführungszeichen auskommt. Im Mai 1939 hatten Mussolini und Hitler eine folgenschwere Entscheidung zur „Lösung" des „Südtirolproblems" getroffen: Die Deutsch- und Ladinischsprachigen mussten sich im Rahmen der „Option" entscheiden: für die deutsche Staatsbürgerschaft und fürs Auswandern ins Deutsche Reich, oder für den Verbleib in Italien ohne Aussicht auf Schutz der eigenen ethnischen Identität.

FRÖSCHEN BEIM WASSERSPEIEN ZUSCHAUEN

In der Mitte des 1929 erbauten Froschbrunnens am Bahnhofsplatz thronen fünf Amphoren, die Südtirols fünf Hauptflüsse Etsch, Eisack, Rienz, Talfer und Passer versinnbildlichen.

Innerhalb weniger Tage und Wochen entstanden zwei Lager, die die Gesellschaft zutiefst spalteten: „Optanten" und „Dableiber". Je nach Gesinnung beschuldigte man einander des Verrats an der Heimat oder am „Deutschtum". Es grassierten die wildesten Gerüchte. Die „Dableiber" dürften gar nicht in Südtirol bleiben, sondern würden nach Sizilien deportiert. Viele „Optanten" ließen sich mit Hitlers Versprechungen von geschenkten Höfen in neuen (nicht näher definierten) Siedlungsgebieten locken.

Teils aus Verzweiflung, teils aus nationalsozialistischer Begeisterung, stimmten rund 85 Prozent der deutschsprachigen Bevölkerung für die Abwanderung. Nicht wenige stiegen auf Gleis

Eins in Bozen ein oder um, auf dem Weg in ein neues Leben jenseits des Brenners. Mussolinis Sturz und der Einmarsch der Wehrmacht im September 1943 bereiteten der „Option“ ein Ende. Die meisten „Optanten“ waren noch gar nicht ausgewandert. Nach Kriegsende kehrte nur etwa ein Drittel der bereits Ausgewanderten zurück in die Heimat. Die Wunden der „Option“ sind bis heute nicht überall verheilt.

In den Zügen, die heute in Bozen halten, geht es wieder ähnlich beschaulich zu wie in den Tourismusblütejahren der Vorkriegsjahre. Lediglich die Flüchtlinge, die in den letzten Jahren durch Bozen gefahren und nicht selten dort gestrandet sind, kratzen zuweilen am Idyll von uns Privilegierten, die aus purer Lust am Reisen unterwegs sind.

INFOS

Bahnhof Bozen: Bahnhofsplatz 3

Gedruckt mit freundlicher Unterstützung
der Abteilung Deutsche Kultur der Autonomen Provinz Bozen – Südtirol

Danke für Zeit und Zurufe
Hannes Obermair und Elvis Costa

Bildnachweis

Ahoi (Foto: Tiberio Sorbillo): S. 71 | Südtiroler Archäologiemuseum: S. 72 (Foto: Andreas Tauber), 75 (Foto: Marion Lafogler) | Frieder Blickle: S. 30 | Claudia Corrent: S. 19, 20, 23, | Antonio Dalle Nogare Stiftung (Foto: Jürgen Eheim): S. 80, 83 | Filmclub: S. 57, 58 | Gärtnerei Schullian (Foto: Oliver Jaist): 120, 123 | Kellerei Bozen: S. 108 (Foto: Tobias Senoner), 111 (Foto: Oskar Dariz) | Marion Lafogler: S. 9, 12, 15, 16, 27, 28, 31, 35, 37, 38 l. u. r., 44, 47, 49, 50, 52, 55, 91, 104, 107, 112, 115, 144, 147, 148, 152, 155, 156, 159 | Laif/Contrasto (Foto: Frieder Blickle): S. 136 | Sabine Lercher: S. 6 | Merkantilmuseum Bozen: S. 32 | Museion (Foto: Michael Della Giustina): S. 65, 66 | NOI (Foto: Damian Pertoli): S. 143 | Pfannenstielhof (Foto: Michael Domanegg): S. 128, 131 | Rene Riller: S. 60, 63, 92, 96, 99 | C. Rottensteiner: S. 135 | Seehauser: S. 40, 84, 86, 101, 103, 116, 119, 126, 139 | Oswald Stimpfl: S. 132 | Verkehrsamt der Stadt Bozen: S. 24, 68, 76, 79, 88, 95, 124, 140 (Fotos: Thomas Rötting), 43 (Foto: Biscardi)

1. Auflage 2024

Lektorat: Adele Brunner, Hermann Gummerer
Grafik und Umbruch: no.parking, Vicenza
Kartografie: Cartomedia, Karlsruhe
Druckvorstufe: Typoplus, Frangart
Druck: Lanarepro, Lana
ISBN 978-3-85256-881-2
www.folioverlag.com